Σ BEST シグマベスト

中1英語

# 実力アップ問題集

文英堂編集部 編

EXERCISE BOOK | ENGLISH

文英堂

# 実力アップが実感できる問題集です。

**1** 初めの「重要ポイント／ポイント一問一答」で，定期テストの要点が一目でわかる！

**2** 「3つのステップにわかれた練習問題」を順に解くだけの段階学習で，確実にレベルアップ！

**3** 苦手を克服できる別冊「解答と解説」。問題を解くためのポイントを掲載した，わかりやすい解説！

## 標準問題

定期テストで「80点」を目指すために解いておきたい問題です。

差がつく 解くことで，高得点をねらう力がつく問題。

## カンペキに仕上げる！

## 実力アップ問題

定期テストに出題される可能性が高い問題を，実際のテスト形式で載せています。

## 基礎問題

定期テストで「60点」をとるために解いておきたい，基本的な問題です。

重要 みんながほとんど正解する，落とすことのできない問題。

ミス注意 よく出題される，みんなが間違えやすい問題。

## 基本事項を確実におさえる！

## 重要ポイント／ポイント一問一答

重要ポイント 各単元の重要事項を1ページに整理しています。定期テスト直前のチェックにも最適です。

ポイント 一問一答 重要ポイントの内容を覚えられたか，チェックしましょう。

# もくじ

# アルファベットの読み方・書き方

▶答え　別冊 p.2

## アルファベットの読み方

　英語の文字は A から Z まで26文字あり，これをアルファベットという。アルファベットには大文字と小文字がある。

| | | | | | | | | |
|---|---|---|---|---|---|---|---|---|
| A a<br>[éi]<br>エイ | B b<br>[bíː]<br>ビー | C c<br>[síː]<br>スィー | D d<br>[díː]<br>ディー | E e<br>[íː]<br>イー | F f<br>[éf]<br>エフ | G g<br>[dʒíː]<br>ヂー | H h<br>[éitʃ]<br>エイチ | I i<br>[ái]<br>アイ |
| J j<br>[dʒéi]<br>ヂェイ | K k<br>[kéi]<br>ケイ | L l<br>[él]<br>エル | M m<br>[ém]<br>エム | N n<br>[én]<br>エン | O o<br>[óu]<br>オウ | P p<br>[píː]<br>ピー | Q q<br>[kjúː]<br>キュー | R r<br>[áːr]<br>アー |
| S s<br>[és]<br>エス | T t<br>[tíː]<br>ティー | U u<br>[júː]<br>ユー | V v<br>[víː]<br>ヴィー | W w<br>[dʌ́bljuː]<br>ダブリュー | X x<br>[éks]<br>エックス | Y y<br>[wái]<br>ワイ | Z z<br>[zíː]〔zéd〕<br>ズィー〔ゼッド〕 | |

## アルファベットの書き方

　アルファベットを書くときは，ふつうブロック体を使う。

**ブロック体**　A a　B b　C c　D d　E e　F f

G g　H h　I i　J j　K k　L l　M m

N n　O o　P p　Q q　R r　S s　T t

U u　V v　W w　X x　Y y　Z z

＊ a と a や g と g など，活字体とブロック体で形が違うアルファベットに注意しよう。

＊ A と a や Q と q など，大文字と小文字で形が大きく違うものに注意しよう。

＊ C と c，O と o，P と p，S と s，V と v，W と w，X と x，Z と z は大文字と小文字の違いは大きさだけで形は変わらないことに注意しよう。

**①** 〈大文字〉

次の大文字を，下の4線にブロック体で正しく書きなさい。

B　D　E　J　K　N　Q　S　Y

←第1線
←第2線
←第3線
←第4線

＊大文字はすべて第1線と第3線の間に書く。

**②** 〈小文字〉

次の小文字を，下の4線にブロック体で正しく書きなさい。

a　e　f　g　i　m　q　y　z

←第1線
←第2線
←第3線
←第4線

＊第3線をベースにして第2線〜3線の間に書くが，第2線より上に出るものや，下に突き抜けて第4線に達するものなどもある。注意しよう。

**③** 〈大文字と小文字〉

次の小文字は大文字に，大文字は小文字にかえて，ブロック体で書きなさい。

a　B　D　F　g　i　K　N　r　t　Y

←第1線
←第2線
←第3線
←第4線

＊大文字は第1線〜3線の間に書く。小文字はふつう，第2線〜3線の間に書くが，中には，第2線の上に出るもの，第4線まで突き抜けるものもある。注意しよう。

**④** 〈アルファベットの読み〉

次はアルファベットの発音の仕方を説明したものです。どの文字の発音について説明したものであるか考え，その文字を大文字で書きなさい。

(1)「フ」は上の歯で下唇（したくちびる）を軽くかんで発音する。　　　　　　　　　（　　　）

(2)「ル」は舌先を上の歯の裏につけて発音する。　　　　　　　　　　　　　　　（　　　）

(3)「デー」や「デイ」にならないように気をつける。　　　　　　　　　　　　　（　　　）

(4)軽く口を開け，舌先はどこにもつけずに少し後方に丸めて発音する。　　　　（　　　）

**⑤** 〈ローマ字〉

次の日本語をローマ字でアルファベットのブロック体で書きなさい。

わたし　は　カズヤ　です。

←第1線
←第2線
←第3線
←第4線

＊文の書き出しや，人名・地名などのはじめの文字は大文字にする。（。）はピリオド(.)になる。

5

# アルファベットの問題

▶答え 別冊 p.2

**①** 〈アルファベットの順序・大文字〉
次の各組の文字をアルファベット順に並べかえてブロック体で書きなさい。

(1) I F G E H J

(2) L P K M N O

(3) Y X V W Z U

(4) F D C E B A

(5) O J M N L K

**②** 〈アルファベットの順序・小文字〉
次の各組の文字をアルファベット順に並べかえてブロック体で書きなさい。

(1) e f c b d a

(2) i g f h j e

(3) v q s r u t

(4) k m l i n j

(5) u q s p t r

**③** 〈アルファベットの形〉
次のそれぞれにあてはまる文字を，5つずつ書きなさい。

(1) アルファベットのブロック体の大文字のうち，曲線を使わないもの。

(2) アルファベットのブロック体の小文字のうち，4線の1番上の線にとどくもの。

(3) アルファベットのブロック体の大文字のうち，大文字，小文字で大きさはかわるが，
形はかわらないもの。

**④** 〈活字体とブロック体〉
　次の各文字をブロック体で書きなさい。

(1) a　　　　(2) G　　　　(3) J　　　　(4) Q　　　　(5) t

-------------　　-------------　　-------------　　-------------　　-------------

**⑤** 〈日常生活の中のアルファベット①〉
　次のものを表すアルファベットを，ブロック体の大文字で書きなさい。

(1) パソコンのこと（Pで始まる2文字）

(2) 親（保護者）と教師の会（Pで始まる3文字）

(3) インターネットのこと（Nで始まる3文字）

(4) 入り口に書いてある，「中へ」ということば（Iで始まる2文字）

(5) コンパクト・ディスクのこと（Cで始まる2文字）

**⑥** 〈日常生活の中のアルファベット②〉
　次の(1)〜(9)にあたる英語を，下のア〜ケから選び，記号で答えなさい。

(1) リーダー　（　　　）　　(2) ロボット　（　　　）　　(3) ドーム　（　　　）

(4) コミック　（　　　）　　(5) バス　　　（　　　）　　(6) カメラ　（　　　）

(7) カップ　　（　　　）　　(8) バッグ　　（　　　）　　(9) メール　（　　　）

ア　bus　　　イ　camera　　ウ　comic　　エ　cup　　オ　leader

カ　robot　　キ　dome　　　ク　mail　　ケ　bag

**⑦** 〈日常生活の中のアルファベット③〉
　次の(1)〜(8)の単語の読み方をカタカナで書きなさい。

(1) ON　　（　　　　　）　　(2) OFF　　（　　　　　）

(3) OUT　（　　　　　）　　(4) IN　　　（　　　　　）

(5) SHOP（　　　　　）　　(6) SALE　（　　　　　）

(7) TIME（　　　　　）　　(8) PET　　（　　　　　）

**⑧** 〈ローマ字〉
　次のローマ字をふつうの日本語になおしなさい。

(1) Eigo wa tanoshii.

　（　　　　　　　　　　　　　　　　　　　　　　　　　　　　　）

(2) Watashi wa yakyu no fuan desu.

　（　　　　　　　　　　　　　　　　　　　　　　　　　　　　　）

# I am 〜. / You are 〜.

## 重要ポイント

### ① I am 〜. / You are 〜.

□ **I am 〜.「私は〜です」/ You are 〜.「あなたは〜です」**

I は「私は」で動詞は am, you は「あなたは」で動詞は are にする。

I am a student.（私は学生です）

You are a teacher.（あなたは先生です）

□ **I'm 〜. / You're 〜.**

I am は短縮形にすると I'm という形になる。

You are は短縮形にすると You're という形になる。

I'm Mike.（私はマイクです）

You're Rina.（あなたはリナです）

### ② I am not 〜. / You are not 〜.

□ **「私は〜ではありません」「あなたは〜ではありません」という否定文は am, are のあとに not を置く。**

I am[I'm] Ken.（私はケンです）

↓

I am[I'm] not Ken.（私はケンではありません）

You are[You're] from Canada.（あなたはカナダ出身です）

↓

You are[You're] not from Canada.（あなたはカナダ出身ではありません）

### ③ Are you 〜?

□ **Are you 〜?「あなたは〜ですか」**

You are 〜. の疑問文は, are が you の前に出る。Yes か No を使って答える。

Are you a soccer fan?（あなたはサッカーファンですか）

— Yes, I am.（はい, そうです）/

No, I am[I'm] not.（いいえ, ちがいます）

> Are you 〜? には you ではなく, I を使って答える。

テストでは **ココ**が ねらわれる
● 「私は〜です」は I am[I'm] 〜., 「あなたは〜です」は You are[You're] 〜. を使う。
「(私は [あなたは]) 〜ではありません」という否定文は am, are のあとに not を入れる。
● 疑問文は are を you の前に出し, Yes, I am. / No, I am[I'm] not. で答える。

**ポイント 一問一答**

## ① I am 〜. / You are 〜.

次の英文の (　　) 内の正しいものを○で囲みなさい。

☐ (1) I ( am / are ) Kato Yumi.

☐ (2) You ( am / are ) a soccer player.

☐ (3) ( You / I ) are a baseball fan.

☐ (4) ( I / I'm ) thirteen years old.

## ② I am not 〜. / You are not 〜.

次の英文の (　　) 内の正しいものを○で囲みなさい。

☐ (1) 私は先生ではありません。

I ( not / am not ) a teacher.

☐ (2) あなたは北海道出身ではありません。

( You / You're ) not from Hokkaido.

## ③ Are you 〜?

次の英文の (　　) 内の正しいものを○で囲みなさい。

☐ (1) ( Are / Am ) you Hiroshi?

— Yes, ( you are / I am ) .

☐ (2) ( Are / Are you ) a baseball fan?

— No, ( you're / I'm ) not.

☐ (3) ( Are you / You ) Davis?

— Yes, ( I am / you are ).

答

① (1) am　(2) are　(3) You　(4) I'm

② (1) am not　(2) You're

③ (1) Are, I am　(2) Are you, I'm　(3) Are you, I am

**1** 〈I am と You are〉
次の日本文の意味を表すように，＿＿＿に適当な1語を入れなさい。

(1) あなたは12歳です。

＿＿＿＿＿＿＿＿ are twelve years old.

(2) 私は中学生です。

I ＿＿＿＿＿＿ a junior high school student.

(3) 私は京都の出身です。

＿＿＿＿＿＿＿＿ from Kyoto.

(4) あなたは英語の先生です。

You ＿＿＿＿＿＿ an English teacher.

(5) 私はサッカーファンです。

＿＿＿＿＿＿＿＿ a soccer fan.

(6) あなたは北海道の出身です。

＿＿＿＿＿＿＿＿ from Hokkaido.

**2** 〈否定文〉
次の文を否定文になおすとき，＿＿＿に適当な1語を入れなさい。

(1) I am Japanese.

I ＿＿＿＿＿＿ ＿＿＿＿＿＿ Japanese.

(2) You are a baseball player.

You ＿＿＿＿＿＿ ＿＿＿＿＿＿ a baseball player.

**3** 〈疑問文と答え方〉 ●重要
次の文を疑問文になおすとき，＿＿＿に適当な1語を入れなさい。また，答えの文も完成しなさい。

(1) You are a high school student.

＿＿＿＿＿＿ ＿＿＿＿＿＿ a high school student?

— Yes, ＿＿＿＿＿＿ ＿＿＿＿＿＿．

(2) You are a tennis fan.

＿＿＿＿＿＿ ＿＿＿＿＿＿ a tennis fan?

— No, ＿＿＿＿＿＿ ＿＿＿＿＿＿．

**4** 〈文の語順〉 重要

次の日本文の意味を表すように，（　）内の語を並べかえなさい。ただし，最初の文字も小文字にしてあります。

(1) 私はバスケットボールファンです。( a / I / fan / basketball / am ).

_____

(2) あなたは音楽の先生ですか。( music / are / a / teacher / you )?

_____

(3) 私は14歳ではありません。( not / fourteen / I'm / old / years ).

_____

(4) あなたはテニスの選手ですか。( player / you / tennis / are / a )?

_____

**5** 〈英文の意味〉

次の英文を日本語になおしなさい。

(1) I'm from Japan.

(　　　　　　　　　　　　　　　　　　　　　　　　)

(2) Are you Takuya?

(　　　　　　　　　　　　　　　　　　　　　　　　)

(3) No, I'm not.　I am Takashi.　((2)の答え)

(　　　　　　　　　　　　　　　　　　　　　　　　)

💡ヒント ─── ➡はポイントになる単語の発音と意味が掲載されています。

1 ➡ twelve[twélv トウェルヴ] 12　～ years old[jíərs óuld イアズ　オウルド] ～歳
2 否定文は am，are のあとに not を置く。語順に注意する。
　➡ Japanese[dʒæpəníːz ヂャパニーズ] 日本人 (の)
3 疑問文は主語 you「あなたは」の前に are を出す。答えるときは Yes，No を使い，主語は I「私は」で答える。
4 疑問文の語順，否定文の語順に注意する。
5 ➡ Japan[dʒəpǽn ヂャパン] 日本

**1** 🔑重要

次の日本文の意味を表すように，（　）内の語を並べかえなさい。ただし，1語不足しているので，その語を加えて全文を書きなさい。

(1) 私はリサ・ホワイトです。

( Lisa / I / White ).

_____

(2) あなたはテニスの選手です。

( player / are / a / tennis ).

_____

(3) 私はオーストラリア出身ではありません。

( from / I'm / Australia ).

_____

(4) あなたは13歳ですか。

( years / you / old / thirteen )?

_____

(5) あなたは高校生ではありません。

( not / student / high / a / school ).

_____

**2** ⚠️ミス注意

次の文の____に適する語を，下の▢▢▢から選んで書きなさい。ただし，同じ語を2回使うことはできません。

(1) _____ Kato Ken.

(2) I _____ not a soccer player.

(3) _____ you a baseball fan?

(4) No, _____ not.　((3)の答え)

| I / I'm / am / are / you / you're |

**3** 🏠がっく

新入生のトム (**Tom**) と同じクラスのカズ (**Kazu**) とアヤ (**Aya**) が教室で話しています。次の 3 人の会話文を読んで，下の問いに答えなさい。

> Tom: Hi.  I'm Tom Brown.  I'm from America.
>
> Kazu: Hi, Tom.  I ㋐ _____ Nakamura Kazu.  I'm a soccer fan.
>
>       ㋑ _____ you a soccer fan, too?
>
> Tom: (    )  I'm a baseball fan.
>
> Aya: *Really?  Me, too.
>
> *really　本当に

(1) 下線部㋐，㋑に適当な英語 1 語を書きなさい。

I ㋐ _____ Nakamura Kazu.

㋑ _____ you a soccer fan, too?

(2) 本文中の (    ) 内に入れる最も適当な英文を下から選び，記号で答えなさい。

(　　　　)

    ア　Yes, I am.　　　イ　No, I'm not.　　　ウ　Yes, you are.

    エ　You're not a soccer fan.　　　　　オ　No, you are not.

(3) 次の日本文が本文の内容に合っていれば○を，違っていれば×を書きなさい。

    ア　トムはアメリカ出身です。　　　　　　　　　　　　　　　(　　　　)

    イ　サッカーが好きなのはトムとカズです。　　　　　　　　　(　　　　)

    ウ　アヤは野球ファンです。　　　　　　　　　　　　　　　　(　　　　)

**4** 次の日本文を英語になおしなさい。

(1) 私はヤマダイチロウ (**Yamada Ichiro**) です。

_____

(2) あなたは学生ですか。

_____

(3) 私は東京出身ではありません。

_____

(4) あなたはバレーボール (**volleyball**) の選手ではありません。

_____

(5) あなたはボブ (**Bob**) ですか。―はい，そうです。

_____　―　_____

# 2 This is ～. / That is ～. ①

## 重要ポイント

### ① This [That] is ～.

□ **This is ～.「これは～です」/ That is ～.「あれは～です」**

this は「これは」で，近くのものをさすときに使う。
that は「あれは」で，離(はな)れたところにあるものをさす
ときに使う。that is の短縮形は that's である。

> This is my book. (これは私の本です)
> That is your bike. (あれはあなたの自転車です)

> my「私の～」，
> your「あなたの～」
> はものの名前 [名詞] の
> 前に置く。

### ② This [That] is not ～.

□ **This is not ～.「これは～ではありません」**

「これは～ではありません」と打ち消す内容を表す文を否定文という。is のあとに
否定語の not を置く。

> This is not a cat. (これはネコではありません)

□ **That is not ～.「あれは～ではありません」**

離れたところにあるものを「あれは～ではありません」と否定
するときは，that を使って That is not ～. という。

> That is not a dog. (あれはイヌではありません)

> 短縮形
> is not → isn't
> That is → That's

### ③ a と an / 〈名詞＋'s〉

□ **〈a [an] ＋名詞〉「1つの～」**

数が1つの名詞には a [an] をつける。an は apple な
ど母音(ぼいん)（ア，イ，ウ，エ，オに似た音）で始まる語に使
う。

> This is a pen. (これは [1本の] ペンです)
> That is an apple. (あれは [1個の] リンゴです)

> 名詞の前に my や your
> があるときは a [an] は
> つけない。

□ **〈名詞＋'s〉**

人や動物などの所有を表す場合は，名詞のあとに〈's〉をつける。〈's〉をアポスト
ロフィ・エスという。〈～'s〉のあとにもふつう名詞がきて「～の…」の意味になる。

> That is John's pen. (あれはジョンのペンです)

14

●「これは〜です」は This is 〜.,「あれは〜です」は That is [That's] 〜. を使う。
●数えられるものが1つのとき，名詞の前に a [an] をつける。
●人や動物などの所有を表す場合は名詞のあとに〈's〉をつける。

## ポイント 一問一答

## ① This [That] is 〜.

次の英文の（　）内の正しいものを○で囲みなさい。

☐ (1) これは私のかばんです。

　　( This / That ) is my bag.

☐ (2) あれはあなたのノートです。

　　( This / That ) is your notebook.

## ② This [That] is not 〜.

次の英文の（　）内の正しいものを○で囲みなさい。

☐ (1) This ( is not / not is ) a cup.

☐ (2) ( That not / That is ) not a bird.

☐ (3) That ( not is / is not ) an umbrella.

☐ (4) ( That not / That is not ) an orange.

☐ (5) ( That / That's ) not your car.

☐ (6) This ( not is / isn't ) my book.

## ③ a と an /〈名詞＋'s〉

次の英文の（　）内の正しいものを○で囲みなさい。

☐ (1) That is ( a / an ) orange.

☐ (2) This is ( a / an ) bike.

☐ (3) That is ( May book / May's book ).

☐ (4) This is ( Junko / Junko's ) pen.

---

答

① (1) This　(2) That

② (1) is not　(2) That is　(3) is not　(4) That is not　(5) That's　(6) isn't

③ (1) an　(2) a　(3) May's book　(4) Junko's

**1** 〈This [That] is 〜. の文〉
次の日本文の意味を表すように，＿＿＿に適当な1語を入れなさい。

(1) これはノートです。

＿＿＿＿＿＿＿＿＿＿ is a notebook.

(2) あれは私の兄です。

＿＿＿＿＿＿＿＿＿＿ is my brother.

(3) これは消しゴムです。

This ＿＿＿＿＿＿＿ an eraser.

(4) あちらはエミリーです。

＿＿＿＿＿＿＿＿＿＿ Emily.

**2** 〈This [That] is 〜. の否定文〉 🔊重要
次の英文を否定文に書きかえ，＿＿＿に適当な1語を入れなさい。さらにできた否定文
の意味を（　　）内に書きなさい。

(1) That is my camera.

＿＿＿＿＿＿＿ ＿＿＿＿＿＿＿ my camera.

（　　　　　　　　　　　　　　　　　　　　　　　　　　　　　　　　　　）

(2) This is a bird.

＿＿＿＿＿＿＿ ＿＿＿＿＿＿＿ ＿＿＿＿＿＿＿ a bird.

（　　　　　　　　　　　　　　　　　　　　　　　　　　　　　　　　　　）

**3** 〈a [an] と〜 's の使い分け〉 ⚠ミス注意
次の日本文の意味を表すように，＿＿＿に適当な1語を入れなさい。

(1) これはローズ (Rose) のかばんです。

＿＿＿＿＿＿＿ ＿＿＿＿＿＿＿ ＿＿＿＿＿＿＿ bag.

(2) あれはオレンジではありません。

＿＿＿＿＿＿＿ not ＿＿＿＿＿＿＿ orange.

(3) これは私の母の本です。

This is ＿＿＿＿＿＿＿ ＿＿＿＿＿＿＿ book.

(4) あれは中学校です。

＿＿＿＿＿＿＿ ＿＿＿＿＿＿＿ ＿＿＿＿＿＿＿ junior high school.

**4** 〈文の語順〉 🔴重要

次の日本文の意味を表すように，（　）内の語を並べかえなさい。ただし，最初の文字も小文字にしてあります。

(1) こちらは私の父です。( is / my / this / father ).

_____

(2) あれはあなたの家です。( house / that / your / is ).

_____

(3) これはペンです。( a / this / is / pen ).

_____

(4) あれは卵です。( is / an / egg / that ).

_____

(5) これは私のネコではありません。( my / is / this / cat / not ).

_____


**5** 〈This [That] is ～. の文の意味〉

次の英文を日本語になおしなさい。

(1) This is your violin.

(　　　　　　　　　　　　　　　　　　　　　　　　　　　　）

(2) That is my lunch box.

(　　　　　　　　　　　　　　　　　　　　　　　　　　　　）

(3) This is not a strawberry.

(　　　　　　　　　　　　　　　　　　　　　　　　　　　　）

 ヒント

1 2 「これは～です」は This is ～., 「あれは～です」は That is [That's] ～. で表し，否定文は is のあとに not を置く。

3 数えられるものが 1 つのときは，名詞の前に a [an] をつける。an をつけるのは発音が母音で始まる単語のとき。

4 ▶ father [fáːðər ファーザァ] 父　house [háus ハウス] 家　pen [pén ペン] ペン　cat [kǽt キャット] ネコ

5 This is ～. は「これは～です」，That is ～. は「あれは～です」となる。

▶ violin [vaiəlín ヴァイオリン] バイオリン　lunch box [lʌ́ntʃ báks ランチ バックス] 弁当箱
strawberry [strɔ́ːberi ストゥローベリィ] イチゴ

**1** **重要**

次の日本文の意味を表すように，（　）内の語を並べかえなさい。ただし，1語不足しているので，その語を加えて全文を書きなさい。

(1) こちらはケイト・ブラウンです。

( Brown / is / Kate ).

_____

(2) あれはオレンジです。

( is / orange / that ).

_____

(3) これはあなたのお父さんの写真です。

( this / father's / is / picture ).

_____

(4) これは私の家ではありません。

( my / this / is / house ).

_____

(5) あれは公園ではありません。

( not / a / park ).

_____

**2** **⚠ ミス注意**

次の絵の内容にあうように，____ に適当な1語を書きなさい。

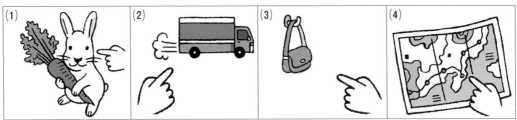

(1) _____ _____ _____ rabbit.

(2) _____ _____ truck.

(3) _____ _____ my bag.

(4) _____ _____ a map.

**3** ユミ（**Yumi**）がカナダから遊びに来たメイ（**May**）と散歩をしていると，公園でテニスをしている友だちのケン（**Ken**）をみつけます。次の3人の会話文を読んで，下の問いに答えなさい。

---

Yumi: Oh, ① that is my friend Ken.

（ケンに呼びかけて，メイを紹介します）

Ken, ② _____ _____ May.

Ken: Hi, May.  Nice to meet you.

May: Nice to meet you too, Ken.  I'm from Canada.

Ken: *I see.  *By the way, ③ _____ _____ a tennis fan?

May: Yes.  This is my *favorite player's picture.

Ken: Oh, you are a Nishikori fan!

*I see.  わかりました。　　by the way　ところで　　favorite　大好きな

---

(1) 下線部①の英文の意味を書きなさい。

（　　　　　　　　　　　　　　　　　　　　　　　　　　　　　　　　　　　）

(2) 下線部②，③に適当な英語1語を書きなさい。

② _____ _____ May.

③ _____ _____ a tennis fan?

(3) 本文の内容にあてはまるものを選び，記号で答えなさい。

　ア　ユミとケンは初対面である。

　イ　ケンとメイは以前会ったことがある。

　ウ　ユミはテニスが好きである。

　エ　メイはアメリカ出身である。

　オ　メイはテニスプレイヤーの錦織（にしこり）のファンである。

（　　　　）

**4** 🏠がっく
次の日本文の意味を表す英文を完成しなさい。

(1) あれは自動車です。

That _____.

(2) これはあなたのカップです。

This _____.

(3) あれも私のうで時計（**watch**）です。

That _____.

(4) メイ（**May**），こちらはボブ（**Bob**）です。

May, _____.

# 3 This is 〜. / That is 〜. ②

## 重要ポイント

## ① Is this[that] 〜?

### □ Is this[that] 〜? 「これ［あれ］は〜ですか」

This[That] is 〜. の疑問文は，is が this[that] の前にきて，Is this[that] 〜? の形になる。文の終わりには〈?〉（クエスチョンマーク）がつく。

| This | is | a book | . | （これは本です）

| Is | this | a book | ? | （これは本ですか）
Is を this[that] の前に出す

> 短縮形 that's 〜 の文を疑問文にするとき，that's を短縮形のままにしないこと。
> （○）Is that a book?
> （×）Is that's a book?

### □ Is this[that] 〜? の答え方

Is this[that] 〜? には Yes か No で答える。this[that] は it で受ける。Yes / No のあとには〈,〉（コンマ）をつける。

Is that a plane? （あれは飛行機ですか）— Yes, it is. （はい，そうです）

Is this an orange? （これはオレンジですか）— No, it is not[isn't]. （いいえ，ちがいます）

## ② it の用法

### □ 一度話題になったものをさして使う it

This is a book. It is[It's] my book. （これは本です。それは私の本です）

## ③ What is this[that]?

### □ What is this[that]? 「これ［あれ］は何ですか」

「これ［あれ］は何ですか」のようにたずねる場合は，「何」の意味の what を文の始めに置いて，What is this[that]? とする。

| This | is | a bus. （これはバスです）

| Is | this | a bus? （これはバスですか）

| What | is | this | ? （これは何ですか）

> What is の短縮形 What's を使って，What's this[that]? の形もよく使われる。

### □ What is this[that]? の答え方

What is this[that]? には，Yes / No ではなく It を使って，It is 〜. または It's 〜. で答える。

What's that? （あれは何ですか）— It's a cat. （それはネコです）

◉「これ［あれ］は～ですか」は Is を this［that］の前に出して Is this［that］～? とする。
　Yes, it is. / No, it is not［isn't］. で答える。
◉「これ［あれ］は何ですか」は What is this［that］? で，It is［It's］～. で答える。

### ポイント 一問一答

## ① Is this［that］～?

次の英文の（　　）内の正しいものを○で囲みなさい。

☐ (1) ( This is / Is this ) a phone?

☐ (2) ( Is that / That is ) my lunch?

　　— Yes, ( that / it ) is.

☐ (3) Is this an egg?

　　— No, ( it is / it isn't ).

## ② it の用法

次の英文の（　　）内の正しいものを○で囲みなさい。

☐ (1) This is a radio. ( It / It's ) is my radio.

☐ (2) That is an umbrella. ( Is it / It is ) my umbrella.

☐ (3) Is this an orange?

　　— No, ( this / it ) isn't. ( It's / This's ) a lemon.

## ③ What is this［that］?

次の英文の（　　）内の正しいものを○で囲みなさい。

☐ (1) ( What / It ) is this?

☐ (2) ( What / It ) is that?

　　— ( It / Yes, it ) is a balloon.

☐ (3) ( Is that / What's ) this?

　　— ( It's / It ) a newspaper.

答

① (1) Is this　(2) Is that, it　(3) it isn't

② (1) It　(2) It is　(3) it, It's

③ (1) What　(2) What, It　(3) What's, It's

**1** 〈This is ～. の文の疑問文のつくり方〉
次の文を疑問文になおすとき，＿＿に適当な1語を入れなさい。

(1) This is your dish.

＿＿＿＿＿＿＿ ＿＿＿＿＿＿＿ your dish?

(2) That is your car.

＿＿＿＿＿＿＿ ＿＿＿＿＿＿＿ your car?

**2** 〈疑問文に対する答え〉
右の絵を見て，問いに対する答えの文として適当なものを，それぞれア～ウから1つ選び，記号で答えなさい。

(1) Is this an eraser?　　　　　（　　　）

　ア　Yes, it is.

　イ　It is a ruler.

　ウ　No, it is not.

(2) Is that a flower?　　　　　（　　　）

　ア　No, it is not.

　イ　It is not a bird.

　ウ　Yes, it is.

(3) What is this?　　　　　（　　　）

　ア　Yes, it is.

　イ　It is a soccer ball.

　ウ　It is a dish.

**3** 〈No の場合の答え方〉 🔴重要
右の絵を見て，問いに対する答えの文を完成しなさい。

(1) A : Is that a bear?

　B : ＿＿＿＿＿＿, it ＿＿＿＿＿＿.

　　＿＿＿＿＿＿ is a ＿＿＿＿＿＿.

(2) A : Is this Judy's bag?

　B : ＿＿＿＿＿＿, it ＿＿＿＿＿＿.

　　＿＿＿＿＿＿ is ＿＿＿＿＿＿ bag.

**4** 〈正しい英文の選択〉

次の日本文の意味を表す英文として最も適当なものを，それぞれア～エから１つ選び，記号で答えなさい。

(1) あれもリンゴですか。 （　　　）

　　ア　Is that a apple, too?　　　イ　Is that an apple, too?
　　ウ　Is this a apple, too?　　　エ　Is it an apple?

(2) いいえ，ちがいます。 （(1)の答え） （　　　）

　　ア　Yes, it is.　　　　　　　　イ　No, is it not.
　　ウ　No, it is.　　　　　　　　エ　No, it is not.

**5** 〈短縮形を使った疑問文と答え方〉 🔑重要

次の日本文の意味を表すように，＿＿＿に適当な１語を入れなさい。

(1) A：これは何ですか。

　　　＿＿＿＿＿＿＿＿＿ this?

　　B：それは星です。

　　　＿＿＿＿＿＿＿＿＿ a star.

(2) A：あれは何ですか。

　　　＿＿＿＿＿＿＿＿＿ that?

　　B：それは私のベッドです。

　　　＿＿＿＿＿＿ ＿＿＿＿＿＿ bed.

(3) A：これはあなたの自転車ですか。

　　　＿＿＿＿＿＿ ＿＿＿＿＿＿ your bike?

　　B：いいえ，ちがいます。それはユミの自転車です。

　　　No, it ＿＿＿＿＿＿. ＿＿＿＿＿＿ Yumi's bike.

---

💡ヒント

1 疑問文は is を This や That の前に出し，文の終わりは〈?〉にする。
　➡ dish[díʃ ディッシュ] 皿　car[ká:r カー] 自動車

2 (1)(2) Is this[that] ~? には，Yes / No を使って答える。
　(3) What is ~? には，Yes / No を使わずに It で答える。
　➡ eraser[iréisər イレイサァ] 消しゴム　ruler[rú:lər ルーラァ] 定規　flower[fláuər フラウァ] 花
　　bird[bá:rd バ～ド] 鳥　soccer ball[sákər bɔ́:l サカァ ボール] サッカーボール

3 どちらも No で答えたあとに，「それは～です」と説明をつけ加える。(2) Judy's は「ジュディーの」。
　➡ bear[béər ベア] クマ　bag[bǽg バァグ] かばん

4 apple は母音（ア，イ，ウ，エ，オに近い音）で始まる語。「～も（また）」は，文の終わりにtooを置く。
　➡ apple[ǽpl アプル] リンゴ

5 短縮形を正確に覚えよう。it is は it's，what is は what's となる。
　➡ star[stá:r スター] 星　bed[béd ベッド] ベッド　bike[báik バイク] 自転車

23

# 標 準 問 題

▶答え　別冊p.6

**1** ⚠️ミス注意

次の日本文の意味を表す問いと答えの文を，(　　) 内の語にそれぞれ1語補ってつくりなさい。必要に応じて符号 ( . / ? / , ) を補うこと。

(1) A：これはタマネギですか。　　　　　　( this / is / onion )

　　B：はい，そうです。　　　　　　　　　( yes / is )

　　A：_____

　　B：_____

(2) A：あれはあなたのコンピューターですか。( is / computer / your )

　　B：いいえ，ちがいます。　　　　　　　( no / it )

　　B：それは私の兄のものです。　　　　　( brother's / my / computer )

　　A：_____

　　B：_____

　　B：_____

(3) A：これは何ですか。　　　　　　　　　( this )

　　B：それは古いぼうしです。　　　　　　( hat / old / an )

　　A：_____

　　B：_____

**2** 🔑重要

次の絵を見て，問いに対する答えの文を書きなさい。

(1) Is this a camera?

_____

(2) Is that a school?

_____

(3) What is that?

_____

24

**3**  次のタク (**Taku**) とトム (**Tom**) の対話文を読んで，その内容に合う問答文になるように，
_____ に適当な1語を入れなさい。

Taku: Is this your bike?

Tom: No, it's not.  It's your bike.

Taku: No, it's not my bike.  That's my bike.

Tom: No. ... Look!  Ken's name.

Taku: Oh, that's Ken's bike.  Is this my bike then?

（自転車の名前を見て）　Yes, it's my bike!

⑴ Is that Taku's bike?

　— _____, it _____.  _____ _____ bike.

⑵ Is this Tom's bike?

　— _____, it _____.  _____ _____ bike.

**4** 次の絵の⑴〜⑷の意味を表す英文になるように，_____ に適当な1語を入れなさい。

⑴ What's _____ ?

⑵ _____ _____ a bike?

⑶ No, _____ _____ .

⑷ _____ a motorcycle.

# 実力アップ問題

**1** 次の(1)～(4)が使われる場面を下から選んで，記号で答えなさい。　〈2点×4〉

(1) That's a library.

(2) Nice to meet you, too.

(3) This is Mike.

(4) I'm Aki.

> ア　ホームステイしている生徒を友だちに紹介するとき。
>
> イ　遠くにある建物を指して説明するとき。
>
> ウ　自己紹介するとき。
>
> エ　はじめて会う人からあいさつをされたとき。

| (1) | | (2) | | (3) | | (4) | |
|---|---|---|---|---|---|---|---|
| | | | | | | | |

**2** 次の日本文の意味を表すように，（　　）内の語を並べかえなさい。　〈3点×5〉

(1) 私はマキです。

（ am / Maki / I ）.

(2) あれはあなたのいすです。

（ chair / is / that / your ）.

(3) あれは魚ですか。

（ that / a / is / fish ）?

(4) これは私のボールではありません。

（ my / is / this / ball / not ）.

(5) あれはベスの姉ではありません。

（ not / sister / Beth's / that's ）.

| (1) | |
|---|---|
| (2) | |
| (3) | |
| (4) | |
| (5) | |

26

**3** 次の日本文の意味を表すように，____ に適当な1語を入れなさい。 〈2点×5〉

(1) こちらはボブです。

_____ _____ Bob.

(2) あれは私の人形です。

_____ is _____ doll.

(3) これはあなたのリンゴではありません。

_____ is _____ _____ apple.

(4) これはぼうしですか。

_____ _____ a hat?

(5) あれはベン (Ben) のいすではありません。

_____ not _____ chair.

| (1) | | | (2) | | |
|---|---|---|---|---|---|
| (3) | | | | | |
| (4) | | | (5) | | |

**4** 絵の内容に合うように，____ に適当な1語を書きなさい。 〈3点×4〉

| (1) | (2) | (3) | (4) |
|---|---|---|---|

(1) This _____ _____ umbrella.

(2) _____ _____ cow.

(3) This _____ _____ Maria's notebook.

(4) _____ _____ a watch.

| (1) | |
|---|---|
| (2) | |
| (3) | |
| (4) | |

**5** 次の文を，（ ）内の指示にしたがって書きかえなさい。 〈3点×5〉

(1) This is Kate. (「あちらはケイトです」という意味の文に)

(2) This is a dog. (疑問文に)

(3) That is an orange. (否定文に)

(4) Is that a cake? (「あれは何ですか」という意味の文に)

(5) This is a flower. (「これは私の花です」という意味の文に)

| | |
|---|---|
| (1) | |
| (2) | |
| (3) | |
| (4) | |
| (5) | |

**6** 次の英文には，それぞれ誤りが1語あります。誤っている1語を抜き出して，正しい語になおしなさい。 〈3点×4〉

(1) I is Anne. (私はアンです)

(2) This is a old watch. (これは古いうで時計です)

(3) This isn't not a pen. (これはペンではありません)

(4) Is that's your bicycle? (あれはあなたの自転車ですか)

| | 誤っている語 | 正しい語 | | 誤っている語 | 正しい語 |
|---|---|---|---|---|---|
| (1) | | | (2) | | |
| (3) | | | (4) | | |

**7** 次の（ ）内の語句を並べかえて，意味の通る英文にしなさい。ただし，語群には不要な語が1つずつ含まれています。 〈3点×2〉

(1) A : Is that a star?

　　B : ( , / that / yes / is / it ).

(2) A : Is this your coat?

　　B : No, it isn't. ( sister's / it's / my / sister / coat ).

| | |
|---|---|
| (1) | |
| (2) | |

**8** 次の英文を日本語になおしなさい。 〈3点×4〉

(1) This is Kumi's computer.

(2) Are you from Australia?

(3) What is that?

　— It's a train.

(4) That is not my mother's bag.

| | |
|---|---|
| (1) | |
| (2) | |
| (3) | |
| (4) | |

**9** ミキ (**Miki**) とピーター (**Peter**) とロビー (**Robby**) の会話文を読んで，あとの問いに答えなさい。 〈(1) 2点×2，(2) 3点×2〉

> Miki: Good morning, Peter.
>
> Peter: Good morning, Miki.　Miki, ① ＿＿＿＿＿＿ ＿＿＿＿＿＿ my friend Robby.
>
> Miki: (　㋐　), Robby.
>
> Robby: Hi, nice to meet you too, Miki.　How are you?
>
> Miki: (　㋑　), thanks.　By the way, ② ＿＿＿＿＿＿ ＿＿＿＿＿＿ that?
>
> Robby: It's my violin.

(1) 下線部①，②に適当な英語を1語ずつ書きなさい。

　① ＿＿＿＿＿＿ ＿＿＿＿＿＿ my friend Robby.

　② ＿＿＿＿＿＿ ＿＿＿＿＿＿ that?

(2) 　㋐，㋑に入れるもっとも適当な英文を書きなさい。

| | | | | | |
|---|---|---|---|---|---|
| (1) | ① | | | ② | |
| (2) | ㋐ | | | | |
| | ㋑ | | | | |

# 4 a[an], the と形容詞

## ① a と an の用法

### □ a[an]＋名詞

数えられるものが1つのとき，そのものの名前［名詞］の前に「1つの」や「1人の」の意味を表す a[an] を置く。an は，名詞の最初の音が母音（ア，イ，ウ，エ，オに似た音）で始まるときに使う。

> This is a pencil.（これはえんぴつです）
>
> This is an apple.（これはリンゴです）

## ② the の用法

### □ the＋決まったもの

すでに述べられたもの，何を述べているかがわかる場合には the「その」を使う。

> I have a bike. This is the bike.（私は自転車を持っています。これがその自転車です）

### □ ほかに the を使う場合

- ・序数の前　the first（1番目），the second（2番目）
- ・天体の前　the earth（地球），the moon（月）
- ・慣用表現　in the morning（午前中に）

> 人名，国名（固有名詞）にはふつう a[an] / the はつけない。

## ③ 形容詞の用法

### □ a[an]＋形容詞＋名詞→名詞を説明

new「新しい」，old「古い」など，性質や状態，色や大小などを表す語を形容詞という。形容詞が名詞を説明するときは〈形容詞＋名詞〉の語順になる。a[an] は形容詞の前に置く。

> This is a new car.（これは新しい自動車です）
>
> That is an old bike.（あれは古い自転車です）
> └→形容詞が母音で始まるので an を使う

### □ 主語＋is[am，are]＋形容詞→主語を説明

形容詞が is，am，are のあとにくる場合は〈主語＋is[am，are]＋形容詞〉の語順になり，「…は大きい」のように，形容詞が主語を説明する。

> This house is new.（この家は新しい）
>
> That dog is small.（あの犬は小さい）

テストでは **ココ**が ねらわれる
●「1つ［1人，1個，1本など］の〜」を表すとき，名詞の前に a か an をつける。
●すでに述べられている名詞の前には the をつける。
●名詞に形容詞がつくときは，〈a [an]＋形容詞＋名詞〉の語順になる。

ポイント **一問一答**

## ① a と an の用法

次の英文の（　）内の正しいものを○で囲みなさい。

☐ (1) This is ( a / an ) eraser.

☐ (2) That is ( a / an ) fish.

☐ (3) That is ( a / an ) elephant.

☐ (4) This is ( a / an ) book.

☐ (5) This is ( a / an ) orange.

☐ (6) This is ( a / an ) cap.

☐ (7) This is ( a / an ) animal.

## ② the の用法

次の英文の（　）内の正しいものを○で囲みなさい。

☐ (1) That's a cat. ( A / The / × ) cat is cute.

☐ (2) That is ( a / the / × ) moon.

☐ (3) This is ( a / the / × ) new song.

☐ (4) This is a bottle. ( A / The / × ) bottle is small.

☐ (5) ( A / The / × ) earth is beautiful.

☐ (6) This is ( a / the / × ) first present.

## ③ 形容詞の用法

次の英文の（　）内の正しいものを○で囲みなさい。

☐ (1) That is ( a / an ) old computer.

☐ (2) This is ( a / an ) big cup.

☐ (3) This desk ( is / am ) big.

☐ (4) You are ( a tall / tall ).

☐ (5) This house is ( a / an / × ) big.

☐ (6) That is ( a / an ) new bike.

**答**
① (1) an (2) a (3) an (4) a (5) an (6) a (7) an
② (1) The (2) the (3) a (4) The (5) The (6) the
③ (1) an (2) a (3) is (4) tall (5) × (6) a

**1** 〈a, an, the の用法〉🔊重要

次の文の（　　）内から適当なものを選び，○で囲みなさい。なお，×は入れる必要が
ないことを表す。

(1) That is ( a / an / × ) bird.

(2) This is a hat.  ( A / An / The / × ) hat is my sister's.

(3) What's that?  — It's ( a / an / the / × ) apple.

(4) That's a park.  ( A / An / The / × ) park is big.

(5) Are you from ( a / an / the / × ) Japan?

(6) A big bird is in ( a / an / the / × ) sky.

(7) This is ( a / an / the / × ) my rabbit.

(8) That is ( a / an / the / × ) first bus.

**2** 〈the の用法〉🔊重要

＿＿＿ に必要ならば the を，不要ならば×を入れ，日本文を完成しなさい。

(1) This is an animal. ＿＿＿＿＿＿＿ animal is very cute.

これは動物です。（　　　　　　　　　　　　　）とてもかわいい。

(2) Are you from ＿＿＿＿＿＿ Canada?

あなたは（　　　　　　　　　　　　　　　　　　　）。

(3) I'm ＿＿＿＿＿＿ Tom Brown.  Nice to meet you.

私は（　　　　　　　　　　　　　　　）。はじめまして。

(4) That's ＿＿＿＿＿＿ my school.

あれは（　　　　　　　　　　　　　　　　　　　）。

(5) Oh, ＿＿＿＿＿＿ moon is beautiful.

ああ，（　　　　　　　　　　　　　　　　）美しい。

(6) This is ＿＿＿＿＿＿ first train.

これが（　　　　　　　　　　　　　　　　　　　　　　）。

**3** 〈いろいろな形容詞〉

次の形容詞と反対の意味を表す語を書きなさい。

(1) small ＿＿＿＿＿＿　　(2) short ＿＿＿＿＿＿

(3) new ＿＿＿＿＿＿　　(4) cold ＿＿＿＿＿＿

(5) bad ＿＿＿＿＿＿

**4** 〈形容詞の意味〉 ⚠ ミス注意

次の英文を日本語になおしなさい。

(1) This is an old clock.

( )

(2) That is a nice shirt.

( )

(3) This school is new.

( )

**5** 〈形容詞の位置と a, an〉 🔑重要

次の文中に（　　）内の語を入れるとき，＿＿＿に適当な1語を入れなさい。

(1) This is an orange. (big)

This is ＿＿＿＿＿＿ ＿＿＿＿＿＿ ＿＿＿＿＿＿ .

(2) I am a teacher. (English)

I am ＿＿＿＿＿＿ ＿＿＿＿＿＿ ＿＿＿＿＿＿ .

**6** 〈形容詞の用法〉

次の日本文の意味を表すように，＿＿＿に適当な1語を入れなさい。

(1) あれは新しい生徒です。

That is ＿＿＿＿＿＿ ＿＿＿＿＿＿ ＿＿＿＿＿＿ .

(2) この橋は長いです。

This bridge ＿＿＿＿＿＿ ＿＿＿＿＿＿ .

(3) あなたは有名な (famous) 選手です。

You're ＿＿＿＿＿＿ ＿＿＿＿＿＿ ＿＿＿＿＿＿ .

---

💡**ヒント**

1 a は子音の前，an は母音の前で使う。the は一度出た名詞や序数の前で使う。
  ➡ first[fə́ːrst ファ〜スト] 1番目の　bus[bʌ́s バス] バス
2 ➡ train[tréin トゥレイン] 列車，電車
3 ➡ short[ʃɔ́ːrt ショート] 短い　cold[kóuld コウルド] 寒い　bad[bǽd バッド] 悪い
4 ➡ old[óuld オウルド] 古い　clock[klá[ɔ́]k クラ[ロ]ック] 掛け・置き時計
  nice[náis ナイス] よい，すてきな　shirt[ʃə́ːrt シャ〜ト] シャツ
5 (2) English は母音で始まることに注意。
6 (2) 日本文が形容詞で終わっていることに注意。
  ➡ bridge[brídʒ ブリッヂ] 橋

**1** ⚠️ミス注意
次の日本文の意味を表すように，（　　）内の語を並べかえなさい。ただし，不要な1語があります。

(1) これは卵です。

( egg / a / this / an / is ).

_____

(2) あれはあなたのピアノですか。

( that / the / your / piano / is )?

_____

(3) あなたは新しい生徒ですか。

( student / a / new / you / young / are )?

_____

(4) この問題は難しいです。

( question / is / hard / this / easy ).

_____

(5) 私はアメリカ出身です。

( am / from / America / I / the ).

_____


**2** 🔈重要
次の各組の2文がほぼ同じ内容を表すように，____ に適当な1語を入れなさい。

(1) This is a good book.

_____ _____ is _____ .

(2) Is that a new computer?

Is _____ _____ _____ ?

(3) This tree is tall.

_____ is _____ _____ _____ .

(4) This doll is big.

_____ is _____ _____ _____ .

(5) That baby is pretty.

_____ is _____ _____ _____ .

**3** 差がつく
次の文を（　）内の指示にしたがって書きかえなさい。また，書きかえた英文を日本語になおし，（　）に書きなさい。

(1) This is a <u>new</u> car.（下線部を old にかえて）

＿＿＿＿＿＿＿＿＿＿＿＿＿＿＿＿＿＿＿＿＿＿＿＿＿＿＿

（　　　　　　　　　　　　　　　　　　　　　　　　）

(2) That's a box.（heavy を入れて）

＿＿＿＿＿＿＿＿＿＿＿＿＿＿＿＿＿＿＿＿＿＿＿＿＿＿＿

（　　　　　　　　　　　　　　　　　　　　　　　　）

(3) That doctor is young.（ほぼ同じ内容の文に）

＿＿＿＿＿＿＿＿＿＿＿＿＿＿＿＿＿＿＿＿＿＿＿＿＿＿＿

（　　　　　　　　　　　　　　　　　　　　　　　　）

**4** 次の日本文を英語になおしなさい。

(1) これは（1枚の）写真です。

＿＿＿＿＿＿＿＿＿＿＿＿＿＿＿＿＿＿＿＿＿＿＿＿＿＿＿

(2) その新しいかばんはナンシーのもの（Nancy's）です。

＿＿＿＿＿＿＿＿＿＿＿＿＿＿＿＿＿＿＿＿＿＿＿＿＿＿＿

(3) 私のケーキは大きいです。

＿＿＿＿＿＿＿＿＿＿＿＿＿＿＿＿＿＿＿＿＿＿＿＿＿＿＿

(4) トムのシャツは青いです。

＿＿＿＿＿＿＿＿＿＿＿＿＿＿＿＿＿＿＿＿＿＿＿＿＿＿＿

**5** 絵を見て，＿＿内に適当な1語を入れ，対話文を完成しなさい。

(1) A : Is the white cat heavy?
　　B : No.  It's ＿＿＿＿＿＿ .

(2) A : Is the black dog big?
　　B : Yes.  It's ＿＿＿＿＿＿ .

# 5 He [She] is 〜. / We [They] are 〜.

## 重要ポイント

## ① He is 〜. / She is 〜.

☐ **He is 〜.「彼は〜です」/ She is 〜.「彼女は〜です」**

he は「彼は」の意味で，she は「彼女は」の意味。文の
主語が He [She] の場合，動詞は is を使う。

> 短縮形
> He is → He's
> She is → She's

This is Ken.　He is my brother.（こちらはケンです。彼は私の兄 [弟] です）

This is Yumi.　She is my sister.（こちらはユミです。彼女は私の姉 [妹] です）

☐ **Is he 〜?「彼は〜ですか」/ Is she 〜?「彼女は〜ですか」**

He [She] is 〜. の疑問文は，is が he [she] の前に出る。Yes か No を使って答える。

Is he a student?（彼は学生ですか）

— Yes, he is.（はい，そうです）/ No, he is not [isn't].（いいえ，ちがいます）

☐ **否定文は，is のあとに not を置く。**　He is not Ken.（彼はケンではありません）

## ② 主語が複数形の文

☐ **and で結ばれた場合**

and「〜と」で結ばれた単語が主語のときは，ふつう複数形の文になる。

Ken and Mike are my friends.（ケンとマイクは私の友だちです）

☐ **These [Those] are 〜.「これら [あれら] は〜です」**

These [Those] が主語のとき，be 動詞は are を使う。

These are American coins.（これらはアメリカのコインです）

☐ **主語が複数の場合の否定文**　be 動詞の文は are not の形にする。

We are not busy.（私たちは忙しくありません）

> 短縮形
> are not → aren't

☐ **主語が複数の場合の疑問文**　be 動詞の文は Are で始める。

Are they students?（彼ら [彼女ら] は学生ですか）

## ③ Who is [are] 〜?

☐ **Who is [are] 〜?「〜はだれですか」**

「だれ」なのかをたずねるときは，Who is [are] 〜? の形を使う。答えるときは Yes
や No は使わずに，具体的にだれであるかを答える。

Who is that boy [girl]?（あの男の子 [女の子] はだれですか）

— He is Ken.（彼はケンです）/ She is Yumi.（彼女はユミです）

◉ is, are は主語によって使い分ける。
◉疑問文は is, are を主語の前に出し，否定文は is, are のあとに not を入れる。
◉「〜はだれですか」は Who is [are] 〜?　答えには Yes / No は使わない。

ポイント 一問一答

## ① He is 〜. / She is 〜.

次の英文の（　　）内の正しいものを○で囲みなさい。

☐ (1) He ( is / am ) Kato Ken.

☐ (2) She ( am not / isn't ) a doctor.

☐ (3) ( Is / Are ) her name Yumi?

　　— Yes, it ( is / am ).

☐ (4) He ( isn't / aren't ) my brother.

☐ (5) This is Kate.  ( She / You ) is my friend.

## ② 主語が複数形の文

次の英文の（　　）内の正しいものを○で囲みなさい。

☐ (1) ( Is / Are ) you Tom's friends?

☐ (2) We ( are not / not are ) hungry.

☐ (3) Are you and Ken brothers?

　　— Yes, ( we / I ) are.

## ③ Who is [are] 〜?

次の英文の（　　）内の正しいものを○で囲みなさい。

☐ (1) ( Who / What ) is this man?

　　— He ( is / am ) my father.

☐ (2) Who ( are / am ) you?

　　— ( I'm / You're ) Bill Brown.

☐ (3) Who ( is / are ) they?

　　— ( They are / They is ) my family.

---

① (1) is　(2) isn't　(3) Is, is　(4) isn't　(5) She

② (1) Are　(2) are not　(3) we

③ (1) Who, is　(2) are, I'm　(3) are, They are

# 基 礎 問 題

▶答え　別冊 p.10

**1** 〈主語と is, are〉
次の日本文の意味を表すように，＿＿に適当な 1 語を入れなさい。

(1) 彼女は私の祖母です。　　　　　　　She ＿＿＿＿＿＿ my grandmother.

(2) 彼はカナダ出身です。　　　　　　　He ＿＿＿＿＿＿ from Canada.

(3) 私たちはサッカー選手です。　　　　We ＿＿＿＿＿＿ soccer players.

(4) クミとケンは私のクラスメートです。

Kumi and Ken ＿＿＿＿＿＿ my classmates.

**2** 〈否定文〉
次の文を否定文になおすとき，＿＿に適当な 1 語を入れなさい。

(1) He is my uncle.

He ＿＿＿＿＿＿ ＿＿＿＿＿＿ my uncle.

(2) They are thirteen years old.

They ＿＿＿＿＿＿ ＿＿＿＿＿＿ thirteen years old.

**3** 〈疑問文と答え方〉 ●重要
次の文を疑問文になおすとき，＿＿に適当な 1 語を入れなさい。また，答えの文も完成しなさい。

(1) Emi is a high school student.

＿＿＿＿＿＿ ＿＿＿＿＿＿ a high school student?

— Yes, ＿＿＿＿＿＿ ＿＿＿＿＿＿.

(2) That is your desk.

＿＿＿＿＿＿ ＿＿＿＿＿＿ your desk?　— No, ＿＿＿＿＿＿ ＿＿＿＿＿＿.

(3) They are very famous players.

＿＿＿＿＿＿ ＿＿＿＿＿＿ very famous players?

— No, ＿＿＿＿＿＿ ＿＿＿＿＿＿.

**4** 〈who で始まる疑問文〉 **重要**
次の日本文の意味を表すように，＿＿＿に適当な 1 語を入れなさい。

(1) この少女はだれですか。—彼女は私の妹です。

＿＿＿＿＿＿ ＿＿＿＿＿＿ this girl? — ＿＿＿＿＿＿ ＿＿＿＿＿＿ my sister.

(2) あなたはだれですか。—私はユミのおじです。

＿＿＿＿＿＿ ＿＿＿＿＿＿ you? — ＿＿＿＿＿＿ ＿＿＿＿＿＿ Yumi's uncle.

**5** 〈代名詞の複数形〉
( ) 内から適当な語を選び，○で囲みなさい。

(1) ( I / They ) are my aunts.

(2) ( He / They ) is a scientist.

(3) ( Is / Am / Are ) you my sister's friends?

(4) ( She / They ) are tennis players.

(5) ( This / These ) are my books.

**6** 〈複数形への書きかえ〉 **重要**
下線部を複数形にして書きかえなさい。

(1) I am a student.

→ ＿＿＿＿＿＿ ＿＿＿＿＿＿ students.

(2) She is my grandmother.

→ ＿＿＿＿＿＿ ＿＿＿＿＿＿ my grandmothers.

(3) This is a bus.

→ ＿＿＿＿＿＿ ＿＿＿＿＿＿ buses.

(4) Tom and Robby are my friends.

→ ＿＿＿＿＿＿ ＿＿＿＿＿＿ my friends.

💡 **ヒント**

1 is, are は主語によって使い分ける。
  ➔ grandmother[grǽn(d)mʌðər グラン(ドゥ)マザァ] 祖母　be from ～　～の出身である
2 否定文は is, are のあとに not を置く。
3 (1) 答えの文では Emi は she で受ける。(2) ものは it で受ける。
  ➔ high school student　高校生
4 「～はだれか」とたずねる文は，Who で文を始める。
  ➔ girl[gə́:rl ガ～ル] 女の子，少女
5 ➔ aunt[ǽ[á:]nt ア[アー]ント] おば　scientist[sáiəntist サイエンティスト] 科学者
6 主語が複数のとき，be 動詞は are を使う。(4) Tom and Robby＝「彼ら」と考える。

**1** 🔑重要

( 　 ) 内から適当な語を選び，○で囲みなさい。

(1) ( This / These ) are my watches.  ( It / They ) are all new.

(2) Ken and his father ( is / are ) good tennis players.


**2** 次の文の下線部を ( 　 ) 内の語にかえて，全文を書きかえなさい。

(1) Mary is from Australia.　　　　( we )

_____

(2) I am not a teacher.　　　　　　( my sister )

_____

(3) You aren't in the baseball club.  ( my brother )

_____

(4) Who are you?　　　　　　　　( that boy )

_____


**3** ⚠ミス注意

次の日本文の意味を表すように，( 　 ) 内の語を並べかえなさい。ただし不要な 1 語があります。

(1) 私たちは医者ではありません。( doctors / not / we / are / our ).

_____

(2) これらはあなたのペンですか。( are / pens / these / those / your )?

_____

(3) 彼は私の弟ではありません。( brother / isn't / not / my / he ).

_____

(4) 彼と私はクラスメートではありません。( I / not / he / is / classmates / and / are ).

_____

(5) あなたの英語の先生はだれですか。( your / who / are / teacher / is / English )?

_____

**4** 次の日本文の意味を表すように，＿＿に適当な1語を入れなさい。

(1) あなたたちは日本人の学生ですか。―はい，そうです。

＿＿＿＿＿＿ ＿＿＿＿＿＿ Japanese students?

― Yes, ＿＿＿＿＿＿ ＿＿＿＿＿＿ .

(2) あなたと彼女は私の親友です。

You ＿＿＿＿＿＿ she ＿＿＿＿＿＿ my good friends.

(3) これらは私のノートではありません。

＿＿＿＿＿＿ ＿＿＿＿＿＿ ＿＿＿＿＿＿ my notebooks.

**5** 次の英文を日本語になおしなさい。

(1) Are these your books? ― Yes, they are.

(　　　　　　　　　　　　　　　　　　　　　　　　　　　　　　　)

(2) Bob and I are neighbors.

(　　　　　　　　　　　　　　　　　　　　　　　　　　　　　　　)

(3) Those are Ken's English newspapers.

(　　　　　　　　　　　　　　　　　　　　　　　　　　　　　　　)

**6** 差がつく

次の英文を読んで，下の各問いに英語で答えなさい。

> Jun and I are junior high school students. We are good friends. Jun is from Hokkaido. *His hobby is skiing. His house is near my house now. His sister, Aki, is a high school student. She is seventeen years old. *Their father is a police officer and their mother is a doctor. They are very busy.
>
> *his 彼の　　their 彼らの

(1) Is Jun a junior high school student?

＿＿＿＿＿＿＿＿＿＿＿＿＿＿＿＿＿＿＿＿＿＿＿＿＿＿＿＿＿＿＿＿

(2) Who is Aki?

＿＿＿＿＿＿＿＿＿＿＿＿＿＿＿＿＿＿＿＿＿＿＿＿＿＿＿＿＿＿＿＿

(3) Is Jun's father a teacher?

＿＿＿＿＿＿＿＿＿＿＿＿＿＿＿＿＿＿＿＿＿＿＿＿＿＿＿＿＿＿＿＿

(4) What is Jun's mother?

＿＿＿＿＿＿＿＿＿＿＿＿＿＿＿＿＿＿＿＿＿＿＿＿＿＿＿＿＿＿＿＿

(5) Are Jun's parents busy?

＿＿＿＿＿＿＿＿＿＿＿＿＿＿＿＿＿＿＿＿＿＿＿＿＿＿＿＿＿＿＿＿

# 6 一般動詞の現在形

## 重要ポイント

### ① I play 〜.

□ **I play 〜.「私は〜をします」**

is, am, are を be 動詞というのに対して, play「〜をする」などの動詞を一般動詞という。一般動詞の文は〈主語＋動詞〉のあとに,「〜を」にあたる**目的語**がくることが多い。

I play tennis.（私はテニスをします）
　 一般動詞　目的語

### ② I do not 〜.

□ **do not[don't]＋一般動詞の原形「〜をしません」**

一般動詞のある文の否定文は, 動詞の前に do not を置く。

I do not play tennis.（私はテニスをしません）

> 短縮形
> do not→don't

### ③ Do you play 〜?

□ **Do＋主語＋一般動詞の原形〜?「〜をしますか」**

一般動詞のある文の疑問文は, 主語の前に Do を置く。

Do you play tennis?（あなたはテニスをしますか）
　主語の前に Do を置く

Do you 〜? には Yes / No を使い, do または do not で答える。

Do you like tennis?（あなたはテニスが好きですか）

— Yes, I do.（はい, 好きです）/ No, I do not[don't].（いいえ, 好きではありません）

### ④ Do you like A or B?　Is this A or B?

□ **A or B の疑問文**

2 つのうちで「A ですか, それとも B ですか」のようにたずねるときは, or「…かまたは〜」を使って, A or B の形で表す。A か B の一方を選んで, I like A[B]. のように答える。

Do you like tea or coffee?（あなたは紅茶が好きですか, それともコーヒーが好きですか）

— I like coffee.（私はコーヒーが好きです）

Is this Ken or Taro?（こちらはケンですか, それともタロウですか）

— This is Taro.（こちらはタロウです）

テストでは **ココ**が ねらわれる

● 一般動詞の文は，〈主語＋動詞＋目的語〉の語順になることが多い。
● 否定文は，動詞の前に do not [don't] を置く。
● 疑問文は，主語の前に Do を置く。答えは Yes, 〜 do. / No, 〜 don't. で答える。

ポイント **一問一答**

## ① I play 〜.

次の英文の（　　）内の正しいものを○で囲みなさい。

☐ (1) I ( am / play ) baseball.

☐ (2) I ( do / am ) Tom.

☐ (3) I ( am / like ) soccer.

## ② I do not 〜.

次の英文の（　　）内の正しいものを○で囲みなさい。

☐ (1) I ( do not / not do ) like tea.

☐ (2) I ( don't / do ) not eat bread.

☐ (3) I ( do not / don't like ) coffee.

## ③ Do you play 〜?

次の英文の（　　）内の正しいものを○で囲みなさい。

☐ (1) ( Do you / You do ) speak French?

☐ (2) ( Do you / I do ) like movies?
　　　— Yes, I ( do / like ).

☐ (3) ( Do I / Do you ) have a pen?
　　　— No, I ( am not / do not ).

## ④ Do you like A or B?　Is this A or B?

次の英文の（　　）内の正しいものを○で囲みなさい。

☐ (1) ( You do / Do you ) like ( tea or / tea too ) juice?

☐ (2) ( Do / Is ) this Dan ( and Bob / or Bob )?
　　　— This is Dan.

---

答
① (1) play　(2) am　(3) like
② (1) do not　(2) do　(3) don't like
③ (1) Do you　(2) Do you, do　(3) Do you, do not
④ (1) Do you, tea or　(2) Is, or Bob

**1** 〈一般動詞と be 動詞〉
次の文の（　　）内から適する語を選び，○で囲みなさい。

(1) I ( is / am / play ) the piano.

(2) He ( study / am / is ) my uncle.

(3) I ( play / have / are ) a bike.

(4) You ( play / know / is ) that boy.

(5) You ( play / am / are ) basketball well.

**2** 〈いろいろな一般動詞〉
次の日本文の意味を表すように，＿＿＿に適当な1語を入れなさい。

(1) 私はギターを持っています。　　　　　I ＿＿＿＿＿＿ a guitar.

(2) あなたは日本の歴史を勉強します。　　You ＿＿＿＿＿＿ Japanese history.

(3) 私はあの女性を知っています。　　　　I ＿＿＿＿＿＿ that woman.

(4) 私はこの絵が好きです。　　　　　　　I ＿＿＿＿＿＿ this picture.

**3** 〈一般動詞の否定文〉 重要
次の文を否定文になおすとき，＿＿＿に適当な1語を入れなさい。

(1) I have a bike.

　　I ＿＿＿＿＿＿ ＿＿＿＿＿＿ ＿＿＿＿＿＿ a bike.

(2) I play tennis.

　　I ＿＿＿＿＿＿ ＿＿＿＿＿＿ tennis.

(3) You like math.

　　You ＿＿＿＿＿＿ ＿＿＿＿＿＿ math.

(4) You have a rabbit.

　　You ＿＿＿＿＿＿ ＿＿＿＿＿＿ a rabbit.

**4** 〈一般動詞の疑問文〉 重要
次の文を疑問文になおすとき，＿＿＿に適当な1語を入れなさい。また，答えの文も完成しなさい。

(1) You have a bird.

　　→ ＿＿＿＿＿＿ you ＿＿＿＿＿＿ a bird?

　　— No, ＿＿＿＿＿＿ don't.

(2) You like English.

→ _____ you _____ English?

— Yes, _____ do.

(3) You speak Japanese.

→ _____ you _____ Japanese?

— Yes, I _____.

(4) You want a pencil.

→ _____ you _____ a pencil?

— No, _____ _____.

**5** 〈A それとも B の文〉 🔊重要

次の日本文の意味を表すように，____ に適当な 1 語を入れなさい。

(1) あなたは春が好きですか，それとも秋 (fall) が好きですか。

— 私は春が好きです。

Do you like spring _____ _____?

— I _____ _____.

(2) あなたは理科が好きですか，それとも数学が好きですか。

— 私は理科が好きです。

Do you like science _____ _____?

— I _____ _____.

---

💡ヒント ──────────────

1 be 動詞の文，He is Ken. では「He＝Ken」の関係になる。文の意味をよく考えて動詞を選ぶ。

▶ play[pléi プレイ]～を演奏する，遊ぶ，(ゲーム・スポーツなど) をする
study[stʌ́di スタディ]～を勉強する　have[hǽv ハヴ]～を持っている
know[nóu ノウ]～を知っている　boy[bɔ́i ボイ] 少年　well[wél ウェル] じょうずに

2 基本的な動詞である。区別して使えるようにしよう。

▶ guitar[gitáːr ギター] ギター　history[híst(ə)ri ヒスト(ゥ)リィ] 歴史
woman[wúmən ウマン] 女性　like[láik ライク]～が好きである

3 一般動詞の否定文は〈do not＋動詞〉の形。do not の短縮形は don't。

(2)～(4) 空所の数から考えて短縮形が入る。

▶ tennis[ténis テニス] テニス　math[mǽθ マス] 数学　rabbit[rǽbit ラビトゥ] ウサギ

4 一般動詞の疑問文は〈Do＋主語＋動詞～?〉の形。問いには Yes / No を使い do か don't で答える。

▶ speak[spíːk スピーク] 話す　want[wá[ɔ́]nt ワ[ウォ]ントゥ]～がほしい

5 「…かそれとも～」を表す語は何か。

▶ spring[spríŋ スプリング] 春　fall[fɔ́ːl フォール] 秋　science[sáiəns サイエンス] 理科

**1** 次の日本文の意味を表すように，＿＿＿に適当な１語を入れなさい。

(1) あなたはあの先生を知っていますか。

＿＿＿＿＿＿＿＿ you ＿＿＿＿＿＿＿＿ that teacher?

(2) あなたは毎日サッカーをしますか。

＿＿＿＿＿＿＿＿ you ＿＿＿＿＿＿＿＿ soccer every day?

(3) 私はケーキが好きではありません。

I ＿＿＿＿＿＿＿＿ ＿＿＿＿＿＿＿＿ cake.

(4) あなたは音楽が好きですか，それとも美術が好きですか。

＿＿＿＿＿＿＿＿ you ＿＿＿＿＿＿＿＿ music ＿＿＿＿＿＿＿＿ art?

私は音楽が好きです。

— ＿＿＿＿＿＿＿＿ ＿＿＿＿＿＿＿＿ music.

**2** ⊶重要

次の文を（　　　）内の指示にしたがって書きかえなさい。

(1) I have a picture. (否定文に)

_____

(2) You use your computer every day. (否定文に)

_____

(3) You go to school every day. (疑問文に)

_____

(4) You are Bob's mother. (疑問文に)

_____

(5) Are you American?　Are you Japanese? (or を使って１文に)

_____

**3** 差がつく

次の文を疑問文にかえ，指示にしたがって答えの文も書きなさい。

(1) You look at that picture every day.

疑問文　_____

No の答え　_____

(2) You want a computer.

疑問文　_____

Yes の答え　_____

**4** 次の絵を見て，____に適当な1語を入れて対話文を完成しなさい。

(1) A : _____ _____ play the guitar?

B : _____ , I _____ .

(2) A : _____ _____ like winter?

B : No, I _____ . I _____ _____ winter.

(3) A : _____ you have a bird _____ a fish?

B : I _____ a bird.

**5** ⚠ ミス注意
次の日本文の意味を表すように，（　　）内の語を並べかえなさい。ただし，不要な1語があります。

(1) 私はあの医者を知っています。( that / doctor / know / I / like ).

_____

(2) 私はこの公園が好きではありません。( do / like / this / not / I / am / park ).

_____

(3) あなたは自転車を使いますか。( you / use / play / the / bike / do )?

_____

(4) あなたは朝が好きですか，それとも夜が好きですか。
( night / and / you / morning / or / do / like )?

_____

**6** 次の日本文を英語になおしなさい。

(1) 私は姉の服 (clothes) を着ます。

_____

(2) あなたは雑誌 (magazines) を買いますか。

_____

(3) 私はコーヒー (coffee) を飲みません。

_____

# 実力アップ問題

◎制限時間 **40**分
◎合格点 **80**点
▶答え　別冊p.13

点

**1** 次の文の（　　）内に適当な be 動詞 (is, am, are) を入れなさい。　　　　〈1点×8〉

(1) He (　　　) a French boy.

(2) What (　　　) that?

(3) They (　　　) English teachers.

(4) I (　　　) a junior high school student.

(5) Tom and I (　　　) good friends.

(6) June and Kate (　　　) from Australia.

(7) We (　　　) busy now.

(8) Who (　　　) those boys?

| (1) | | (2) | | (3) | |
|---|---|---|---|---|---|
| (4) | | (5) | | (6) | |
| (7) | | (8) | | | |

**2** 次の文の（　　）内から適当な語を選びなさい。　　　　〈1点×4〉

(1) This is ( a / an ) old watch.

(2) I have ( a / an ) beautiful flower.

(3) My mother is ( a / an ) English teacher.

(4) Is this ( a / an ) bag?

| (1) | | (2) | | (3) | | (4) | |
|---|---|---|---|---|---|---|---|

**3** 次の文の＿＿に, **a, an, the** を入れなさい。ただし, 入れる必要がない場合は×を書きなさい。　　　　〈1点×4〉

(1) She is ＿＿＿＿＿＿ girl.

(2) This is ＿＿＿＿＿＿ your bike.

(3) He is ＿＿＿＿＿＿ American boy.

(4) This is a watch. ＿＿＿＿＿＿ watch is very good.

| (1) | | (2) | | (3) | | (4) | |
|---|---|---|---|---|---|---|---|

**4** 次の日本文の意味を表すように，＿＿＿ に適当な 1 語を入れなさい。 〈2点×4〉

(1) あなたは日本人ですか。

＿＿＿＿＿＿ ＿＿＿＿＿＿ Japanese?

(2) これは私の新しいペンです。

＿＿＿＿＿＿ is ＿＿＿＿＿＿ ＿＿＿＿＿＿ pen.

(3) あなたは野球が好きですか。

＿＿＿＿＿＿ ＿＿＿＿＿＿ ＿＿＿＿＿＿ baseball?

(4) 彼はマキの兄ではありません。

＿＿＿＿＿＿ is ＿＿＿＿＿＿ ＿＿＿＿＿＿ brother.

| (1) | | | |
|---|---|---|---|
| (2) | | | |
| (3) | | | |
| (4) | | | |

**5** 次の文を（　　）内の指示にしたがって書きかえなさい。 〈4点×6〉

(1) He's a student. (疑問文に)

(2) She is my aunt. (下線部が答えの中心になるような疑問文に)

(3) You have a cat. (疑問文に)

(4) This is a fish. (big を入れる)

(5) She is Beth. (下線部を You にかえて)

(6) That is a hot coffee. (ほぼ同じ内容を表す文に)

| (1) | |
|---|---|
| (2) | |
| (3) | |
| (4) | |
| (5) | |
| (6) | |

**6** 絵を見て，____に適当な1語を入れなさい。 〈2点×4〉

(1) Is this a new guitar?

　— _____, it _____. It's _____ _____ guitar.

(2) Do you play soccer?　— _____, _____ _____.

(3) Do you like bread or rice?　— I _____ _____.

(4) Who is that man?　— He _____ _____ _____.

| (1) | | | | |
|-----|--|--|--|--|
| (2) | | | | |
| (3) | | | | |
| (4) | | | | |

**7** 次の日本文の意味を表すように，（　　）内の語を並べかえなさい。 〈3点×5〉

(1) あなたは英語を話しますか，それともフランス語を話しますか。

　( or French / you / English / do / speak )?

(2) 彼女はあなたの祖母ですか。( grandmother / she / is / your )?

(3) これは古いコインです。( old / is / coin / an / this ).

(4) 彼はメアリーの先生ではありません。( is / teacher / he / Mary's / not ).

(5) あなたは辞書を持っていますか。( you / do / a / have / dictionary )?

| (1) | |
|-----|--|
| (2) | |
| (3) | |
| (4) | |
| (5) | |

**8** 次の英文を日本語になおしなさい。　　　　　　　　　　　　　〈4点×4〉

(1) Do you like your sister's picture?

(2) I don't drink coffee.

(3) Is that a book or a notebook?

(4) I have a new desk.

| | |
|---|---|
| (1) | |
| (2) | |
| (3) | |
| (4) | |

**9** ミキ（**Miki**）とケン（**Ken**）がケイト（**Kate**）に写真を見せている。次の3人の会話文を読んで，下の問いに答えなさい。　　　　　〈(1)・(2)3点×2，(3)・(4)2点×2，(5)3点〉

Miki：① <u>I have a photo.</u>

Ken：Who is he?

Miki：He is Takuya. ② <u>He is a new baseball player.</u>　He is my uncle.

Ken：I have a photo, too.　This is Maria.　She is a tall actress.　Kate, do you know Takuya or Maria?

Kate：I ③ _____ _____ .　④ <u>That player is good.</u>

　　　　⑤ <u>I like baseball.</u>

(1) 下線部①の文を，主語を You にかえて疑問文にしなさい。

(2) 下線部②を日本語になおしなさい。

(3) ③の ___ に適当な1語を入れなさい。

(4) 下線部④と同じ意味になるように，___ に適当な1語を入れなさい。

　　_____ is a _____ player.

(5) 下線部⑤の文を否定文にしなさい。

| | | | | | |
|---|---|---|---|---|---|
| (1) | | | | | |
| (2) | | | | | |
| (3) | | | (4) | | |
| (5) | | | | | |

# 7 名詞の複数形, How many ~?, some と any

## ① 名詞の複数形

□ **複数形のつくり方**　数えられる名詞が複数のとき，語尾に **-s [-es]** をつける。

| ふつうの語 | -s をつける | book → books |
|---|---|---|
| 語尾が s, ss, sh, ch, o, x の場合 | -es をつける | glass → glasses |
| 語尾が〈子音字＋y〉の場合 | y を i にかえて -es をつける | city → cities |
| 語尾が f, fe の場合 | f, fe を v にかえて -es をつける | knife → knives |

・不規則変化：child（子ども）→ children, man（男の人）→ men, tooth（歯）→ teeth,
　woman（女の人）→ women, piano（ピアノ）→ pianos, mouse（ネズミ）→ mice など

・単複同形：sheep（ヒツジ），Japanese（日本人）など

□ **-s [-es] の発音→単数形の語の終わりの発音によって区別する**

① [s ス]：　語尾の音が [p ブ, k ク, f フ] のとき。

② [iz イズ]：語尾の音が [s ス, z ズ, ∫ シュ, t∫ チ, dʒ ヂ]
　　　　　　のとき。

③ [z ズ]：　語尾の音が①②以外のとき。

> 数えられない名詞
> water（水）rain（雨）
> soccer（サッカー）
> money（お金）
> food（食べ物）
> bread（パン）
> English（英語）など

## ② How many＋複数名詞~?

□ **How many＋複数名詞~?「いくつの~」**

数をたずねる場合は，〈How many＋複数名詞~?〉の形にし，数で答える。

How many books do you have?（あなたは何冊本を持っていますか）

― I have five ( books ).（5冊持っています）

## ③ some と any

□ **some「いくつかの」→ふつう肯定文に使う**

I have some pens.（私は何本かのペンを持っています）

> 疑問文でも人にものをすすめるときなどは some を使う。
> How about some coffee?
> （コーヒーはいかがですか）

□ **any「いくつかの」→ふつう疑問文・否定文に使う**

not ~ any は「1つもない」の意味になる。

Do you have any pens?（あなたはペンを何本か持っていますか）

I don't have any pens.（私はペンを1本も持っていません）

テストでは **ココ**が ねらわれる

● 名詞の複数形は，-s[-es] のつけ方のルールを確実に覚える。
● 〈How many＋複数名詞〜?〉の形に注意。数を答えるのがポイント。
● ふつう some は肯定文，any は疑問文・否定文に使う。

ポイント **一問一答**

## ① 名詞の複数形

次の英文の（　　）内の正しいものを○で囲みなさい。

☐ (1) I have six ( class / classs / classes ) today.

☐ (2) I have three ( cap / caps / capss ).

☐ (3) I want four ( candy / candys / candies ).

☐ (4) I need two ( knife / knifes / knives ).

☐ (5) I want seven (glass / glasss / glasses ).

☐ (6) There are two ( Japanese / Japaneses / Japaneves ).

## ② How many＋複数名詞〜?

次の英文の（　　）内の正しいものを○で囲みなさい。

☐ (1) How many ( friend / friends / friendes ) do you have?

☐ (2) How many ( egg / eggs / egges ) do you buy?

☐ (3) How many ( sheep / sheeps / sheepes ) do you have? — I have nine.

☐ (4) How many ( man / mans / men ) are there?

☐ (5) How many ( box / boxs / boxes ) are there?

## ③ some と any

次の英文の（　　）内の正しいものを○で囲みなさい。

☐ (1) I have ( some / any ) ( comic / comics / comices ) in my bag.

☐ (2) Do you see ( some / any ) ( child / childs / children ) in the park?

☐ (3) How about ( some / many ) ( tea / teas / teaes )?

☐ (4) I don't see ( some / any ) ( movie / movies ).

☐ (5) Do you have ( some / any ) pencils?

答 ① (1) classes  (2) caps  (3) candies  (4) knives  (5) glasses  (6) Japanese
② (1) friends  (2) eggs  (3) sheep  (4) men  (5) boxes
③ (1) some, comics  (2) any, children
  (3) some, tea  (4) any, movies  (5) any

## 基 礎 問 題

▶答え　別冊p.15

**1** 〈複数形のつくり方〉 **重要**
次の語を複数形にしなさい。

(1) notebook _____　　(2) apple _____

(3) wife _____　　(4) story _____

(5) dish _____　　(6) woman _____

(7) piano _____　　(8) mouse _____

**2** 〈-s，-es の発音〉
次の下線部の発音が同じものを（　　）内から選び，記号を○で囲みなさい。

(1) caps
　　（ア　birds　　イ　books　　ウ　boys）

(2) boxes
　　（ア　chairs　　イ　hats　　ウ　buses）

(3) girls
　　（ア　cats　　イ　cakes　　ウ　bags）

**3** 〈数えられる名詞・数えられない名詞〉
次の英文の____に，（　　）内の語を必要があれば適当な形になおして書きなさい。

(1) I have two big _____ .　　　　　（ brother ）

(2) Do you know many _____ ?　　　（ song ）

(3) Do you have any English _____ ?　（ book ）

**4** 〈How many＋複数名詞〜?〉
次の日本文の意味を表すように，____に適当な1語を入れなさい。

(1) あなたには子どもが何人いますか。

　　How _____ _____ do you have?

(2) あなたは車を何台持っていますか。

　　_____ _____ _____ do you have?

**5** 〈some・any〉 🔑重要

次の英文の____ に，**some** か **any** のいずれかを入れなさい。

(1) I have _____ Japanese friends.

(2) Do you have _____ cats?

(3) I need _____ water.

(4) I don't have _____ children.

(5) Do you see _____ milk in the cup?

(6) I have _____ coffee in the pot.

**6** 〈複数形〉

絵を見て，下の英文を完成しなさい。

| | | |
|---|---|---|
| (1) | (2) | (3) |
| (4) | (5) | |

(1) How _____ _____ do you see? — I see _____.

(2) Do you have _____ cats?

　　— No. I _____ have _____.

(3) I have some _____.

(4) You see _____ _____ in the room.

(5) _____ _____ _____ do you have? — I have three.

💡ヒント

1 複数形はふつう語の終わりに -s [-es] をつける。(6)(8)は不規則変化。
➡ notebook [nóutbuk ノウトゥブク] ノート　wife [wáif ワイフ] 妻
　story [stɔ́:ri ストーリィ] 物語，話　mouse [máus マウス] ネズミ

2 単数形の語尾の発音に注意して考える。
➡ cap [kǽp キャップ] (ふちのない) ぼうし

3 複数形になるのは数えられる名詞である。
➡ song [sɔ́(:)ŋ ソ(ー)ン グ] 歌

4 数をたずねる文は How many＋複数名詞～?

5 ふつう some は肯定文に，any は疑問文・否定文に使う。
➡ need [ní:d ニード] ～を必要とする

6 (1)(5)は数をたずねる文。
➡ see [sí: スィー] ～が見える　room [rú(:)m ル(ー)ム] 部屋

**1** （重要）

次の文の____に，**a**，**an**，**some**，**any** のいずれかを入れなさい。

(1) I have _____ English newspaper.

(2) Do you have _____ food?

(3) This is _____ new T-shirt.

(4) I have _____ tennis balls in my bag.

(5) I see _____ women at the door.

(6) I'm hungry. I want _____ orange.

(7) I don't have _____ money.

**2** 英文の内容から考えて，（　　）内から適当な語を選び，○で囲みなさい。

(1) I am from Canada. We have many ( mountain / mountains ) and ( river / rivers ).

(2) I like Kyoto. I see a lot of ( temple / temples ) there.

(3) Do you drink any ( water / waters )?

(4) Do you like ( bread / breads )? — No, I don't.

(5) I don't like ( mouses / mice ). I like ( cat / cats ).

**3** 差がつく

次の文を（　　）内の指示にしたがって書きかえなさい。

(1) I see a new car. （a を many にかえて）

I see _____

(2) I have some caps. （否定文に）

I _____

(3) I have four candies. （下線部を単数形にかえて）

I have _____

(4) I have two brothers. （この文が答えとなる疑問文に）

_____

(5) You see some children in the park. （疑問文に）

_____

**4** 次の対話文を読んで，下の問いに答えなさい。

---

Fred : Do you like tennis, Kate?

Kate : Yes, I do.  I play tennis every Sunday.

Fred : Is that ① ( you ) tennis racket?

Kate : Yes, it is.  I have two ② ( racket ).

　　　　③ ( have / a / a / red / white / racket / and / I / racket ).

　　　　④ <u>Do you have any rackets?</u>

Fred : No, I don't.  ⑤ <u>I don't have any rackets.</u>  I want a racket, too.

---

(1) ①②の (　　) 内の語を適当な形にかえなさい。

　① ＿＿＿＿＿＿　　　② ＿＿＿＿＿＿

(2) ③の (　　) 内の語を並べかえて，次の日本文の意味を表す英文にしなさい。

　「私は白いラケットと赤いラケットを持っています」

＿＿＿＿＿＿＿＿＿＿＿＿＿＿＿＿＿＿＿＿＿＿＿＿＿＿＿＿＿＿＿

(3) 下線部④を日本文になおしなさい。

　(　　　　　　　　　　　　　　　　　　　　　　　　　　　　　　　)

(4) 下線部⑤を You で始まる肯定文に書きかえなさい。

＿＿＿＿＿＿＿＿＿＿＿＿＿＿＿＿＿＿＿＿＿＿＿＿＿＿＿＿＿＿＿


**5** ⚠ ミス注意

次の日本文の意味を表すように，(　　) 内の語を並べかえなさい。ただし，不要な1語があります。

(1) 私はオレンジを4個持っています。

( have / oranges / four / I / orange ).

＿＿＿＿＿＿＿＿＿＿＿＿＿＿＿＿＿＿＿＿＿＿＿＿＿＿＿＿＿＿＿

(2) あなたは鳥が何羽見えますか。

( do / see / any / how / birds / you / many )?

＿＿＿＿＿＿＿＿＿＿＿＿＿＿＿＿＿＿＿＿＿＿＿＿＿＿＿＿＿＿＿

(3) 私はギターを1本も持っていません。

( don't / some / guitars / I / have / any ).

＿＿＿＿＿＿＿＿＿＿＿＿＿＿＿＿＿＿＿＿＿＿＿＿＿＿＿＿＿＿＿

(4) パイはいかがですか。

( any / some / how / pie / about )?

＿＿＿＿＿＿＿＿＿＿＿＿＿＿＿＿＿＿＿＿＿＿＿＿＿＿＿＿＿＿＿

# 8 命令文

## ① 動詞の原形～. / Don't＋動詞の原形～. / Be で始まる命令文

### □ 動詞の原形～.「～しなさい」

「～しなさい」と相手に命令する文は，主語の you はつけずに動詞の原形で始める。

**Open** the door.（ドアを開けなさい）
動詞の原形で文を始める

呼びかけの語をつける場合は，コンマで区切って文のはじめか終わりに置く。

Tom, stand up. ＝ Stand up, Tom.（トム，立ちなさい）

### □ Don't＋動詞の原形～.「～してはいけません」

「～してはいけません」と禁止するときは，動詞の原形の前に Don't を置く。

**Don't** go there.（そこへ行ってはいけません）
動詞の原形の前に Don't を置く

### □ Be で始まる命令文

be 動詞の文を命令文にする場合は原形の Be で始める。

**Be** careful.（注意しなさい）

## ② Please ～.

### □ Please ～.「～してください」

「(どうぞ) ～してください」というていねいな命令文は，文のはじめか終わりに
please を置く。文の終わりに置くときは，コンマで区切る。

**Please** read this book. ＝ Read this book, **please**.

((どうぞ) この本を読んでください)

Don't ～の命令文も，please をつけるとていねいないい方になる。

Don't speak so fast, **please**.（そんなに速く話さないでください）

## ③ Let's ～.

### □ Let's＋動詞の原形～.「～しましょう」

「～しましょう」と相手をさそう場合は，動詞の原形の前に Let's を置く。Let's
～.の文や，ほかの命令文に同意するときは，Yes, let's.（ええ，しましょう），O.K.,
All right. などで応じる。

**Let's** go to the park.（公園へ行こうよ）

— Yes, let's.（ええ，行きましょう）/ No, let's not.（いえ，やめましょう）

テストでは **ココ** が ねらわれる

● 「～しなさい」と相手に命令する文は，主語を省略して，動詞の原形で文を始める。
● 「～してはいけません」と禁止する文は，〈Don't＋動詞の原形～.〉の形。
● 「～しましょう」とさそう文は，〈Let's＋動詞の原形～.〉の形。

**ポイント 一問一答**

## ① 動詞の原形～. / Don't＋動詞の原形～. / Be で始まる命令文

次の英文の（　　）内の正しいものを○で囲みなさい。

- [ ] (1) ( Clean / Cleans ) your room.
- [ ] (2) ( Does / Don't ) swim here.
- [ ] (3) ( Finish / Finishes ) your homework.
- [ ] (4) ( Go / Goes ) to the library now.
- [ ] (5) ( Don't / Not ) stand up, Tom.
- [ ] (6) ( Be / Is ) a good boy.

## ② Please ～.

次の英文の（　　）内の正しいものを○で囲みなさい。

- [ ] (1) ( Please / Do ) don't run here.
- [ ] (2) ( Please / Be ) open this box.
- [ ] (3) ( Please / Do ) write your name.
- [ ] (4) ( Do / Don't ) talk to me, please.

## ③ Let's ～.

次の英文の（　　）内の正しいものを○で囲みなさい。

- [ ] (1) ( Let / Let's ) play soccer in the school yard. ― All right.
- [ ] (2) ( Let's / Please ) go to the park. ― Yes, let's.
- [ ] (3) Let's ( wait / waiting ) for a minute. ― O.K.
- [ ] (4) Let's study together after school.
     ― Yes, ( do / let's ).
- [ ] (5) Let's have a lunch in the restaurant.
     ― No, ( I don't / let's not ). I have a lunch box.

---

**答**

① (1) Clean  (2) Don't  (3) Finish  (4) Go  (5) Don't  (6) Be

② (1) Please  (2) Please  (3) Please  (4) Don't

③ (1) Let's  (2) Let's  (3) wait  (4) let's  (5) let's not

# 基礎問題

▶答え　別冊p.17

**1** 〈いろいろな命令文〉

次の文の（　　）内から適当な語を選び，〇で囲みなさい。

(1) Ken, ( wake / you ) up.

(2) ( Don't / Aren't ) eat that.

(3) ( Let / Let's ) eat ice cream.

(4) ( Call / Please ) me, Robby.

**2** 〈命令文の形〉

次の日本文の意味を表すように，＿＿＿に適当な1語を入れなさい。

(1) 部屋をきれいにしなさい，タク。　　　　　＿＿＿＿＿＿＿ the room, Taku.

(2) ボブ，注意しなさい。　　　　　　　　　Bob, ＿＿＿＿＿＿＿ careful.

(3) 仕事を終わらせなさい。　　　　　　　　＿＿＿＿＿＿＿ your work.

(4) どうぞ窓を閉めてください。　　　　　　＿＿＿＿＿＿＿ close the window.

(5) どうぞこれを読んでください。　　　　　Read this, ＿＿＿＿＿＿＿.

**3** 〈Let's ～. の文〉

次の日本文の意味を表す正しい英文を選び，記号で答えなさい。

(1) 車を洗いましょう。　　　　　　　　　　　　　　　　　　（　　　）

　　ア　Wash the car.

　　イ　Let's wash the car.

　　ウ　You wash the car.

(2) 放課後，図書館に行きましょう。　　　　　　　　　　　　（　　　）

　　ア　Don't go to the library after school.

　　イ　Let's go to the library after school.

　　ウ　Do you go to the library after school?

**4** 〈Let's ～. の文と答え方〉 ●重要

次の日本文の意味を表すように，＿＿＿に適当な1語を入れなさい。

(1) このコンピューターを使いましょう。—はい，そうしましょう。

　　＿＿＿＿＿＿＿ use this computer. — Yes, ＿＿＿＿＿＿＿.

(2) この歌をうたいましょう。—いいですよ。

　　Let's ＿＿＿＿＿＿＿ this song. — All ＿＿＿＿＿＿＿.

(3) ここでお昼を食べましょう。─いいえ，やめましょう。

_____ eat lunch here. ─ No, _____ _____.

**5** 〈いろいろな命令文の形〉 ●重要

次の文を（　　）内の指示にしたがって書きかえなさい。

(1) You wash your hands. (「〜しなさい」という文に)

_____

(2) You listen to me. (「〜してください」という文に)

_____

(3) You play games. (「〜してはいけません」という文に)

_____

(4) We go to the restaurant. (「〜しましょう」という文に)

_____

(5) Don't play tennis here. (「〜しなさい」という文に)

_____

**6** 〈命令文の意味〉

次の英文を日本語になおしなさい。

(1) Bill, you swim in the sea.

(　　　　　　　　　　　　　　　　　　　　　　　　　　　　　)

(2) Bill, swim in the sea, please.

(　　　　　　　　　　　　　　　　　　　　　　　　　　　　　)

(3) Bill, let's swim in the sea.

(　　　　　　　　　　　　　　　　　　　　　　　　　　　　　)

(4) Bill, don't swim in the sea.

(　　　　　　　　　　　　　　　　　　　　　　　　　　　　　)

💡ヒント

1 (1) Ken は呼びかけの語。(2) 禁止の命令文。(3)「〜しましょう」とさそう文。

2 (2) be 動詞[am, are, is] の命令文は原形の be を使う。 (4)(5) ていねいな命令文。

➡ clean[klíːn クリーン] 〜をきれいにする　finish[fíniʃ フィニッシュ] 〜を終える
close[klóuz クロウズ] 〜を閉める

3 「〜しましょう」とさそっていることに注意。

4 (2) Let's 〜. には，let's を使って答えるほかに，O.K. や Sure. のように「いいよ」と答えることもある。

5 (2) ていねいな命令文には please をつける。(3)「〜してはいけません」と禁止する文は Don't 〜.。

6 (1) Bill は呼びかけの語。「あなたは〜する」という文になる。

**1** ⚠️ミス注意
次の日本文の意味を表すように, ( ) 内の語を並べかえなさい。ただし, 不要な1語があります。

(1) あの映画を見なさい。

( that / movie / watch / you ).

_____

(2) 私のためにピアノを弾いてください。

( the / let's / me / play / for / piano ), please.

_____ , please.

(3) バスに乗って行きましょう。

( ride / please / bus / the / let's ).

_____

(4) その部屋で話してはいけません。

( room / in / do / the / don't / speak ).

_____

**2** 次の場合に使う英文になるように, ____ に適当な1語を入れなさい。

(1)「どうか私の話を聞いてください」と頼む場合。

Please _____ _____ me.

(2)「この動物をさわってはいけません」と禁止する場合。

_____ _____ this animal.

(3)「私のあとからこの単語を読んでください」と指示する場合。

_____ _____ _____ after me, please.

(4)「お茶を飲みましょう」とさそう場合。

_____ _____ some tea.

**3** 次の文の ( ) に最もよくあてはまる動詞を右のア～ウから選び, 記号で答えなさい。
ただし, 同じ動詞を2度使ってはいけません。

(1) Don't ( ) my eraser.

(2) ( ) your textbooks.

(3) ( ) up, please.

| ア | stand |
|---|---|
| イ | open |
| ウ | use |

**4** 次の語を並べかえて，意味の通る文にしなさい。

(1)( your / lunch / before / wash / hands ).

_____

(2)( give / Mary / this / please / to ).

_____

(3)( this / please / use / don't / camera ).

_____

(4)( new / buy / let's / a / TV ).

_____


**5** 🔑重要
次の日本文を，（　　）内の語句を使って英語になおしなさい。

(1)ここで泳いではいけません。( swim )

_____

(2)教室では静かにしなさい。( the classroom，quiet )

_____

(3)いっしょにハイキングに行きましょう。( go on a hike )

_____

(4)そのニュースを読んでください。( read，news )

_____


**6** 🏠がつく
次の日本文を英語になおしなさい。

(1)どうぞ私の家へ来てください。

_____

(2)今夜，外出してはいけません。

_____

(3)夕食のあとにテレビを見ましょう。

_____

(4)あの絵を見なさい。

_____

# 実力アップ問題

◎制限時間**40**分
◎合格点**80**点
▶答え　別冊p.18

点

---

**1** 次の英文の＿＿に，（　　　）内の語を必要があれば適当な形になおして入れなさい。　〈2点×4〉

(1) Do you have any English ＿＿＿＿＿＿＿? ( newspaper )

(2) I drink much ＿＿＿＿＿＿＿. ( water )

(3) I have three cute ＿＿＿＿＿＿. ( dog )

(4) Do you know a lot of Japanese ＿＿＿＿＿＿? ( song )

| (1) | | (2) | | (3) | | (4) | |
|---|---|---|---|---|---|---|---|
| | | | | | | | |

---

**2** 次の日本文の意味を表すように，（　　　）内の語を並べかえなさい。ただし，不要な1語があります。　〈4点×4〉

(1) 私は2人妹がいます。

( have / sisters / two / I / any ).

(2) あなたは何個リンゴが欲しいですか。

( do / want / any / how / apples / you / many )?

(3) 私は1人も息子がいません。

( don't / some / sons / I / have / any ).

(4) ケーキはいかがですか。

( any / some / how / cakes / about )?

| (1) | |
|---|---|
| (2) | |
| (3) | |
| (4) | |

**3** 次の英文の＿＿に，**some** か **any** のいずれかを入れなさい。  〈2点×6〉

(1) I have ＿＿＿＿＿＿ cats in my house.

(2) Do you have ＿＿＿＿＿＿ dogs?

(3) We need ＿＿＿＿＿ violins.

(4) I don't have ＿＿＿＿＿ movie tickets.

(5) Do you see ＿＿＿＿＿ water in the cup?

(6) I have ＿＿＿＿＿ milk in the cup.

| (1) | | (2) | | (3) | | (4) | |
|-----|--|-----|--|-----|--|-----|--|
| (5) | | (6) | | | | | |

**4** 次の文の（　）内から適当な語を選びなさい。  〈2点×6〉

(1) We have many ( city / cities ) in our country.

(2) We have a lot of ( rain / rains ) here.

(3) We see some ( sheep / sheeps ) there.

(4) We don't have any ( knifes / knives ).

(5) Do you want ( some / somes ) coffee, everyone?

(6) I have no ( money / moneys ).

| (1) | | (2) | | (3) | | (4) | |
|-----|--|-----|--|-----|--|-----|--|
| (5) | | (6) | | | | | |

**5** 次のようなとき，英語でどのようにいえばよいですか。それぞれ3語以上の単語を使って答えなさい。　〈4点×4〉

(1)「私の話を聞いてください」というとき。

(2)「そこへ行ってはいけません」と禁止するとき。

(3)「サッカーをしようよ」と相手をさそうとき。

(4)相手にピアノを弾いてくれるようにていねいにいうとき。

| (1) | |
|---|---|
| (2) | |
| (3) | |
| (4) | |

**6** 次の文の（　）内から適当な語句を選び，記号で答えなさい。　〈3点×5〉

(1)（ ア　Eat　　イ　Eats ) your vegetables, Maki.

　— All right, Mom.

(2) Let's（ ア　go　　イ　goes ) to the movie theater with me.

(3) Please（ ア　open　　イ　opens ) the door.

(4)（ ア　Don't　　イ　Doesn't ) play in this garden.

(5) Please（ ア　cooks　　イ　cook　　ウ　does cook ) breakfast.

| (1) | | (2) | | (3) | | (4) | |
|---|---|---|---|---|---|---|---|
| (5) | | | | | | | |

**7** 次の文を（　　）内の指示にしたがって書きかえなさい。　　　　　　　〈3点×4〉

(1) You play the guitar. （ていねいな命令文に）

(2) We walk to the station. （「〜しましょう」という意味の文に）

(3) I have twenty cups. （何個カップを持っているかたずねる文に）

(4) I play the flute after school. （相手をさそう文に）

| | |
|---|---|
| (1) | |
| (2) | |
| (3) | |
| (4) | |

**8** 次の日本文の意味を表すように，（　　）内の語を並べかえなさい。ただし，不要な1語があります。　　　　　　　　　　　　　　　　　　　　　　　〈3点×3〉

(1) ピアノの練習をしなさい。

　　( piano / let's / the / practice ).

(2) 静かにしてください。

　　( quiet / please / let's / be ).

(3) 映画を見ましょう。

　　( watch / let's / movie / the / I ).

| | |
|---|---|
| (1) | |
| (2) | |
| (3) | |

# 9 一般動詞の3人称単数現在形

## 重要ポイント

### ① plays, likes

□ **He plays 〜.「彼は〜をします」**

主語が3人称単数（he，she，Ken など）で現在の場合，一般動詞の語尾に -s または -es がつく。これを「3単現の s」という。

I like tennis.（私はテニスが好きです） / He likes tennis.（彼はテニスが好きです）

主語が3人称単数になると -s がつく

□ **-s，-es のつけ方**

| そのまま -s をつける | come → comes, speak → speaks |
|---|---|
| s, ss, sh, ch, o, x で終わる語は，-es をつける | go → goes, wash → washes |
| 〈子音字＋y〉で終わる語は，y を i に変えて -es をつける | cry → cries, fly → flies, study → studies |

注意 have は has に，do は does になる。

□ **-s，-es の発音**

① [s ス]：　動詞の語尾が[f フ，k ク，p プ]の音のとき。

② [iz イズ]：動詞の語尾が[s ス，z ズ，ʃ シュ，tʃ チ，dʒ ヂ]の音のとき。

③ [z ズ]：　上記①②以外のとき。

### ② He does not play 〜.

□ **He[She] does not＋動詞の原形〜.**

主語が3人称単数の場合，一般動詞の否定文は〈主語＋does not＋動詞の原形〜.〉。

He 　　　　　plays soccer.（彼はサッカーをします）

He does not play 　soccer.（彼はサッカーをしません）

動詞は原形

> 短縮形
> does not
> → doesn't

### ③ Does he play 〜?

□ **Does he[she]＋動詞の原形〜?**

主語が3人称単数の場合，一般動詞の疑問文は〈Does＋主語＋動詞の原形〜?〉。

答え方は does を使い Yes / No で答える。

He plays tennis.（彼はテニスをします）

Does he play 　tennis?（彼はテニスをしますか）

動詞は原形

— Yes, he does.（はい，します） / No, he does not.（いいえ，しません）

## ポイント 一問一答

### ① plays, likes

次の英文の（　　）内の正しいものを〇で囲みなさい。

☐ (1) Taro ( speak / speaks ) English well.

☐ (2) They ( play / plays ) soccer every day.

☐ (3) My mother ( like / likes ) spring.

☐ (4) He ( have / has ) a lot of books.

### ② He does not play ～.

次の英文の（　　）内の正しいものを〇で囲みなさい。

☐ (1) He ( do not / does not ) drink milk.

☐ (2) She ( do not / does not ) buy magazines.

☐ (3) My brothers ( don't / doesn't ) ( read / reads ) books.

☐ (4) Bob ( don't / doesn't ) ( play / plays ) golf.

☐ (5) My friends ( don't / doesn't ) ( watch / watches ) Japanese movies.

### ③ Does he play ～?

次の英文の（　　）内の正しいものを〇で囲みなさい。

☐ (1) ( Do / Does ) she play tennis?

　　 — No, she ( don't / doesn't ).

☐ (2) ( Do / Does ) those girls ( go / goes ) to the movies?

　　 — Yes, they do.

☐ (3) ( Do / Does ) Jack go to the pool?

　　 — No, he ( don't / doesn't ).

☐ (4) ( Do / Does ) your parents ( go / goes ) to the shop on the weekend?

　　 — No, they don't.

---

答　① (1) speaks　(2) play　(3) likes　(4) has

　　② (1) does not　(2) does not　(3) don't, read　(4) doesn't, play　(5) don't, watch

　　③ (1) Does, doesn't　(2) Do, go　(3) Does, doesn't　(4) Do, go

## 基礎問題

▶答え　別冊 p.20

**1** 〈3単現の -s, -es のつけ方〉⚠ ミス注意
次の動詞に 3 単現の -s または -es をつけて書きなさい。

(1) run _____　　(2) start _____

(3) sing _____　　(4) throw _____

(5) take _____　　(6) wash _____

(7) watch _____　　(8) go _____

(9) cry _____　　(10) have _____

**2** 〈主語と動詞の形〉
次の文の（　　）内から適当な語を選び，〇で囲みなさい。

(1) She ( speak / speaks ) English and French.

(2) They ( live / lives ) in Kyoto.

(3) My brother ( go / goes ) to the library.

(4) Emi and Ken ( play / plays ) tennis together.

**3** 〈3単現の否定文〉
次の文を否定文に書きかえなさい。

(1) Kate plays the violin.

→ Kate _____ _____ _____ the violin.

(2) He makes lunch every day.

→ He _____ _____ lunch every day.

(3) The dog runs fast.

→ The dog _____ _____ fast.

**4** 〈3単現の疑問文〉
次の文を疑問文に書きかえなさい。

(1) Mike has three cats.

→ _____ Mike _____ three cats?

(2) Your sister sings well.

→ _____ your sister _____ well?

(3) Lucy watches the movie.

→ _____ Lucy _____ the movie?

**5** 〈3単現の -s，-es の発音〉
各組の語の下線部の発音が同じなら○，違っていれば×を書きなさい。

(1) plays　（　　）　(2) makes　（　　）　(3) pushes　（　　）
　　grows　　　　　　　　lives　　　　　　　　catches

**6** 〈主語と動詞の形〉 🔑重要
下線部を（　　　）内の語句にかえて，全文を書きかえなさい。

(1) I use a blue pen. ( Bill )

_____

(2) Do you play volleyball? ( your brother )

_____

(3) What do you have in your desk? ( Emi )

_____

(4) Our children don't play in the park in the morning. ( Ted )

_____

(5) Do your parents get up early? ( your father )

_____

**7** 〈疑問文の答え方〉
絵を見て，____に適当な１語を入れて，問答文を完成しなさい。

(1) Does the girl have a cat?

　— _____, she _____.

(2) What does the girl have?

　— She _____ a rabbit.

💡ヒント

1 (9) 〈子音字＋y〉は，y を i に変えて -es をつける。
➡ run[rʌ́n ラン] 走る　start[stɑ́ːrt スタート] 〜を始める　sing[síŋ スィング] 歌う
throw[θróu スロウ] 〜を投げる　take[téik テイク] 〜を取る
wash[wɑ́(ɔ́)ʃ ワ[ウォ]ッシュ] 〜を洗う　cry[krái クライ] 泣く
2 (4) 主語が３人称でも複数の場合は -s，-es はつかない。
➡ French[fréntʃ フレンチ] フランス語　library[láibre[ə]ri ライブレ[ラ]リィ] 図書館
together[təɡéðər トゥゲザァ] いっしょに
3 4 does not 〜（否定文）や Does 〜?（疑問文）では，動詞は原形を使う。
5 ➡ grow[gróu グロウ] 成長する　push[púʃ プッシュ] 押す　catch[kǽtʃ キャッチ] 〜を捕まえる
6 (2)〜(5) 主語が３人称単数になっても，疑問文・否定文では動詞は原形のままである。
➡ parent[pé(ə)rənt ペ(ア)レントゥ] 親　get up 起きる

**1** ⚠ ミス注意
次の文の（　　）内から適当な語を選び，〇で囲みなさい。

(1) I ( play / plays ) tennis.  Lisa ( play / plays ) tennis, too.  We ( play / plays ) tennis together.

(2) Mary ( speak / speaks ) English.　Tomoko ( speak / speaks ) English and Japanese.  So they ( speak / speaks ) in English.

(3) Ken and Bill ( go / goes ) to school every day.  Ken ( go / goes ) to high school, and Bill ( go / goes ) to junior high school.


**2** 次の日本文と同じ意味になるように，＿＿に適当な1語を入れなさい。

(1) 彼は冬が好きですか。―いいえ，好きではありません。彼は夏が好きです。

　　_____ he _____ winter?

　　— No, _____ _____ . He _____ summer.

(2) ジョーはそのカップを使います。

　　Joe _____ that cup.

(3) 彼女はヤキソバを食べますか。―はい，食べます。

　　_____ she _____ *yakisoba*?  — Yes, she _____ .

(4) ケイトはケーキをつくりません。

　　Kate _____ _____ cakes.


**3** 次の＿＿に適当な1語を入れて，対話文を完成しなさい。ただし，対話はいずれも現在の文とします。

(1) A : _____ your uncle live in Spain?

　　B : Yes, _____ _____ .

(2) A : _____ Maki have a pet?

　　B : No, _____ _____ . But her grandmother _____ a cat.

(3) A : _____ you have a new bike?

　　B : Yes, I _____ .

**4** 🔑重要

次の文を（　　）内の指示にしたがって書きかえなさい。

(1) I study science at school. （下線部を He にかえて）
_____

(2) Bill has a new computer. （疑問文に）
_____

(3) Mike sends a letter to his mother in America. （否定文に）
_____

(4) Yes.  Cindy likes dogs. （この文が答えとなる疑問文に）
_____

(5) Ken plays soccer every Sunday. （疑問文に）
_____
_____

**5** 次の日本文の意味を表すように，（　　）内の語を並べかえなさい。ただし，**不要な1語があ**ります。

(1) あなたのお父さんは日曜日に料理をしますか。

( your / cook / does / do / father / Sunday / on )?
_____

(2) トムは音楽が好きではありません。

( like / music / does / Tom / not / likes ).
_____

(3) 彼は古い映画が好きです。

( likes / old / he / does / movies ).
_____
_____

**6** 🏠がつく

次の日本文を英語になおしなさい。

(1) 佐藤先生 (Mr. Sato) は英語を教えていますか。—はい，教えています。
_____

(2) パット (Pat) は東京に住んでいません。彼女は名古屋に住んでいます。
_____

(3) あなたのお兄さんはそのかばんに何を持っていますか。
_____

(4) 彼は手にコイン (coin) を1枚持っています。
_____

# 複数形のつくり方・一般動詞の -s, -es のつけ方

▶答え 別冊 p.22

**複数形のつくり方** ★ 次の変化表（単数形→複数形）を完成しなさい。

### ① ふつうの語→語尾に -s をつける

| | 単 数 | 複 数 | | 単 数 | 複 数 |
|---|---|---|---|---|---|
| □ (1) | ball　　ボール | | □ (3) | dog　　　イヌ | |
| □ (2) | chair　　いす | | □ (4) | notebook　ノート | |

### ② 単数形の最後が -s, -ss, -ch, -sh, -o, -x で終わる語→語尾に -es をつける

| | 単 数 | 複 数 | | 単 数 | 複 数 |
|---|---|---|---|---|---|
| □ (1) | box　　箱 | | □ (4) | dish　　皿 | |
| □ (2) | bus　　バス | | □ (5) | watch　　うで時計 | |
| □ (3) | class　クラス | | □ (6) | tomato　トマト | |

### ③〈子音字＋y〉で終わる語→ y を i にかえて -es をつける

| | 単 数 | 複 数 | | 単 数 | 複 数 |
|---|---|---|---|---|---|
| □ (1) | baby　　赤ちゃん | | □ (3) | country　国 | |
| □ (2) | city　　市, 都市, 都会 | | □ (4) | family　　家族 | |

### ④ 単数形の最後が -f, -fe で終わる語→ f, fe を v にかえて -es をつける

| | 単 数 | 複 数 | | 単 数 | 複 数 |
|---|---|---|---|---|---|
| □ (1) | knife　　ナイフ | | □ (2) | leaf　　（木の）葉 | |

### ⑤ 不規則に変化するもの

| | 単 数 | 複 数 | | 単 数 | 複 数 |
|---|---|---|---|---|---|
| □ (1) | child　　子ども | | □ (4) | tooth　　歯 | |
| □ (2) | foot　　足 | | □ (5) | woman　女の人 | |
| □ (3) | man　　男の人 | | □ (6) | mouse　ネズミ | |

### ⑥ 単数と複数が同じもの

| | 単 数 | 複 数 | | 単 数 | 複 数 |
|---|---|---|---|---|---|
| □ (1) | fish　　魚 | | □ (2) | sheep　ヒツジ | |

## 一般動詞の -s, -es のつけ方　★ 次の動詞の3単現の形を書きなさい。

① ふつうの語→語尾に -s をつける

| 原 形 | | 3 単現の形 | 原 形 | | 3 単現の形 |
|---|---|---|---|---|---|
| □ (1) call | 呼ぶ | | □ (7) get | 〜を手に入れる, 買う | |
| □ (2) come | 来る | | □ (8) like | 〜が好きである | |
| □ (3) cook | 〜を料理する | | □ (9) live | 住む, 暮らす | |
| □ (4) eat | 〜を食べる | | □ (10) speak | 話す | |
| □ (5) enjoy | 〜を楽しむ | | □ (11) stop | 〜を止める | |
| □ (6) find | 〜を見つける | | □ (12) need | 〜を必要とする | |

② -s, -ss, -ch, -sh, -o, -x で終わる語→語尾に -es をつける

| | | | | | |
|---|---|---|---|---|---|
| □ (1) go | 行く | | □ (4) wash | 〜を洗う | |
| □ (2) miss | 〜を見落とす | | □ (5) watch | 〜を見る | |
| □ (3) teach | 〜を教える | | □ (6) mix | 〜を混ぜる | |

③ 〈子音字＋y〉で終わる語→ y を i にかえて -es をつける

| | | | | | |
|---|---|---|---|---|---|
| □ (1) cry | 泣く, さけぶ | | □ (2) study | 〜を勉強する | |

④ ①〜③以外に注意すべきもの

| | | | | | |
|---|---|---|---|---|---|
| □ (1) do | 〜をする | | □ (2) have | 〜を持っている, 〜がある, 〜を食べる | |

# 10 人称代名詞

## 重要ポイント

## ① 主格と目的格

□ **主語として代名詞がくるとき→主格の形**

He is very kind. （彼はとても親切です）

□ **動詞の目的語として代名詞がくるとき→目的格の形**

I know him. （私は彼を知っています）

| | | 私 | あなた | 彼 | 彼女 | それ |
|---|---|---|---|---|---|---|
| 単数 | 主格 | I | you | he | she | it |
| | 目的格 | me | you | him | her | it |
| 複数 | 主格 | we | you | they | | |
| | 目的格 | us | you | them | | |

## ② 所有格と所有代名詞

□ **所有格「〜の」**

This is my bike. （これは私の自転車です）

□ **所有代名詞「〜のもの」**

代名詞には所有格「〜の」のほかに，「私のもの」や「あなたのもの」など，「〜のもの」を表す所有代名詞がある。〈所有格＋名詞〉の内容を1語で表すので，あとに名詞は続かない。

This bike is mine. （この自転車は私のものです）

| | | 私 | あなた | 彼 | 彼女 | それ |
|---|---|---|---|---|---|---|
| 単数 | 所有格 | my | your | his | her | its |
| | 所有代名詞 | mine | yours | his | hers | — |
| 複数 | 所有格 | our | your | their | | |
| | 所有代名詞 | ours | yours | theirs | | |

□ **名詞＋'s「〜の」，「〜のもの」**

〈名詞＋'s〉の形でも人名や動物などの所有を表すことができる。

This is Tom's book. （これはトムの本です）

This book is Tom's. （この本はトムのものです）

**ポイント 一問一答**

## ① 主格と目的格

次の英文の（　　）内の正しいものを○で囲みなさい。

☐ (1) Please help ( they / them ).

☐ (2) I know ( he / him ).

☐ (3) This is a photo.  This person is ( mine / me ).

☐ (4) ( She / Her ) sings well.

☐ (5) I like this CD.  I listen to ( it / it's ) every day.

☐ (6) Do you know ( we / us )?

☐ (7) Who is Mary?

　　 — ( She / Her ) is my sister.

☐ (8) Do you know these songs?

　　 — Yes I do.  I sing ( they / them ) in the school event.

## ② 所有格と所有代名詞

次の英文の（　　）内の正しいものを○で囲みなさい。

☐ (1) That dog is ( our / ours ).

☐ (2) This camera is ( my / mine ), and that camera is  ( you / yours ).

☐ (3) This desk is ( Bob / Bob's ).

☐ (4) This letter is ( her / hers ).

☐ (5) That's ( their / theirs ) school.

☐ (6) I have a cat.  ( It's / Its ) eyes are blue.

☐ (7) What's this?

　　 — It's ( mine / my ) bag.

☐ (8) Please give me the chocolate.

　　 — Sorry, it's not ( my / mine ).  It's ( my sister / my sister's ).

---

答　① (1) them　(2) him　(3) me　(4) She　(5) it　(6) us　(7) She　(8) them
② (1) ours　(2) mine, yours　(3) Bob's　(4) hers　(5) their　(6) Its
(7) my　(8) mine, my sister's

# 基 礎 問 題

**1** 〈主格と目的格〉

次の文の（　　）内から適当な語を選び，〇で囲みなさい。

(1) This is my sister. ( She / I ) speaks French.

(2) Mike likes books.  He reads ( they / them ) every day.

(3) Nancy and I are friends. ( We / She ) often play tennis.

(4) Do you know ( he / him ) well?

**2** 〈所有格と所有代名詞〉 ●重要

次の語を(1)〜(6)は所有代名詞に，(7)(8)は所有格にかえなさい。

(1) me ＿＿＿＿＿＿　　(2) your ＿＿＿＿＿＿

(3) his ＿＿＿＿＿＿　　(4) her ＿＿＿＿＿＿

(5) our ＿＿＿＿＿＿　　(6) their ＿＿＿＿＿＿

(7) I ＿＿＿＿＿＿　　(8) it ＿＿＿＿＿＿

**3** 〈名詞＋'s〉

次の日本文の意味を表すように，＿＿に適当な1語を入れなさい。

(1) これはあなたのうで時計ですか。―いいえ。ミカ (Mika) のものです。

Is this ＿＿＿＿＿＿ watch? — No.  It's ＿＿＿＿＿＿.

(2) このいすはあなたのものですか，それとも彼のものですか。―それは私のものです。

Is this chair ＿＿＿＿＿＿ or ＿＿＿＿＿＿? — It's ＿＿＿＿＿＿.

(3) 私は彼を知っています。彼はケイタ (Keita) の友だちです。

I know ＿＿＿＿＿＿.  He is ＿＿＿＿＿＿ ＿＿＿＿＿＿.

**4** 〈代名詞の意味〉

次の英文を日本語になおしなさい。

(1) I know her and her sister.

（　　　　　　　　　　　　　　　　　　　　　　　　　　）

(2) My car is old and yours is new.

（　　　　　　　　　　　　　　　　　　　　　　　　　　）

(3) Who are those boys?  Sorry, I don't know them.

（　　　　　　　　　　　　　　）―ごめんなさい，（　　　　　　）

**5** 〈「～の」と「～のもの」〉 ⚙重要

各組の2文がほぼ同じ内容を表すように，＿＿＿に適当な1語を入れなさい。

(1) These are her books.

These books are ＿＿＿＿＿＿＿＿ .

(2) Is that your bag?

Is that bag ＿＿＿＿＿＿＿＿ ?

(3) He has a new car.

＿＿＿＿＿＿＿＿ car is new.

**6** 〈人名と代名詞を含む対話文〉

絵を見て，＿＿＿に適当な1語を入れ，英文を完成しなさい。

(1) A：Is this Ken's notebook?

B：Yes, ＿＿＿＿＿＿＿ ＿＿＿＿＿＿＿ .

(2) A：Is this bag yours?

B：No, it ＿＿＿＿＿＿＿ . It's ＿＿＿＿＿＿＿ .

(3) A：Do you know ＿＿＿＿＿＿＿ ? B：Yes. ＿＿＿＿＿＿＿ is David.

ヒント

1 2 代名詞の主格・所有格・目的格，所有代名詞はしっかり区別して覚えておこう。

3 ▶ watch [wá[ɔ́]tʃ ワ[ウォ]ッチ] うで時計

4 (1) her は所有格と目的格が同じ形。

5 (1)(2)「～の…」から「～のもの」への書きかえ。

(3)「彼の車は新しい」への書きかえ。

# 標 準 問 題

**1** 英文の内容から考えて，（　　）内から適当な1語を選び，○で囲みなさい。

(1) ( I / My ) cousins live in Tokyo.

(2) ( He / His ) is my friend.  ( He / His ) name is Koji.  Do you know ( he / him )?

(3) Do ( you / your ) like coffee?  — No, I don't.

(4) Please help ( me / I ).  — Sure.

(5) Is this ( your / yours ) bag?  — Yes, it's ( me / mine ).

**2** ●重要

下線部が答えの中心になるような疑問文を書きなさい。

(1) That girl is <u>Mary's sister</u>.

_____

(2) He is <u>a doctor</u>.

_____

(3) This is <u>her</u> camera.

_____

(4) That is <u>my</u> bike.

_____

**3** 次の日本文の意味を表すように，＿＿に適当な1語を入れなさい。

(1) このリンゴはあなたのものですか。

Is ＿＿＿＿＿＿＿ apple ＿＿＿＿＿＿＿ ?

(2) あの車は彼女のものですか。―いいえ。ジロウ (Jiro) の車です。

Is that car ＿＿＿＿＿＿＿ ? — No.  It's ＿＿＿＿＿＿＿ car.

(3) このケーキは私のものですか。―いいえ。それは彼女のものです。

Is this cake ＿＿＿＿＿＿＿ ? — No.  It's ＿＿＿＿＿＿＿ .

(4) 私の姉は彼を知っています。

＿＿＿＿＿＿＿ sister knows ＿＿＿＿＿＿＿ .

(5) 彼はあなたの子どもですか。―いいえ。私の兄の子どもです。

Is he ＿＿＿＿＿＿＿ ＿＿＿＿＿＿＿ ?

— No.  He is ＿＿＿＿＿＿＿ ＿＿＿＿＿＿＿ child.

**4** ⚠ ミス注意

次の日本文の意味を表すように，（　　）内の語を並べかえなさい。ただし，不要な１語があります。

(1) 私は彼の弟です。

( brother / I / him / am / his ).

_____

(2) あなたは私たちを知っていますか。

( do / us / you / know / we )?

_____

(3) これらはあなたの卵です。

( your / are / these / yours / eggs ).

_____

(4) この赤い車は私たちのものです。

( us / car / ours / red / is / this ).

_____

(5) このギターは彼らのもので，あのピアノは私のものです。

( them / and / this / theirs / piano / is / mine / is / that / guitar ).

_____

**5** ⚠ ミス注意

次の対話の（　　）内に最もふさわしいものを，ア～エからそれぞれ選んで記号を入れなさい。

(1) A：（　　　　）

B：No.  It's hers.

ア　Is this your bag?　　　　イ　What does she like?

ウ　How is she?　　　　　　エ　Who is she?

(2) A：Are these pictures yours?

B：（　　　　） They are my mother's.

ア　Yes, it is.　　　　　　イ　Yes, they are.

ウ　No, they are not.　　　エ　No, those are not.

(3) A：Do you know him?

B：（　　　　）

ア　It's him.　　　　　　イ　She is Kana.

ウ　Yes, I do.　　　　　　エ　Yes, she is my sister.

**1** 〔C〕と〔D〕の関係が〔A〕と〔B〕の関係と同じになるように，（　）内に適当な語を書きなさい。　　　　　　　　　　　　　　　　　　　　　　　　　　　　　〈1点×5〉

|  | 〔A〕 | 〔B〕 | 〔C〕 | 〔D〕 |
|---|---|---|---|---|
| (1) | do | don't | are | （　） |
| (2) | likes | like | studies | （　） |
| (3) | is | isn't | does | （　） |
| (4) | stand | sit | open | （　） |
| (5) | speak | speaks | have | （　） |

| (1) | | (2) | | (3) | |
|---|---|---|---|---|---|
| (4) | | (5) | | | |

**2** 絵を見て，＿＿に適当な1語を入れなさい。　　　　　　　　　　　　　　　　〈2点×4〉

(1) Do you have any pencils?

　— No.　I ＿＿＿＿＿＿＿＿＿ have ＿＿＿＿＿＿＿＿＿ ＿＿＿＿＿＿＿＿＿ .

(2) I'm their mother.　They ＿＿＿＿＿＿＿＿ my ＿＿＿＿＿＿＿＿ .

(3) Is this bike ＿＿＿＿＿＿＿＿ ?　— Yes, ＿＿＿＿＿＿＿＿ is.

(4) I ＿＿＿＿＿＿＿＿ Japanese.　You ＿＿＿＿＿＿＿＿ American.

| (1) | | | (2) | |
|---|---|---|---|---|
| (3) | | | (4) | |

**3** 次の英文を（　　）内の指示にしたがって書きかえなさい。　〈4点×6〉

(1) They are teachers.（疑問文に）

(2) We learn French.（下線部を She にかえて）

(3) They have <u>five</u> bags.（How を使って下線部を中心にたずねる疑問文に）

(4) These are <u>John's</u> cups.（下線部を1語の代名詞にかえて）

(5) I have some brothers.（「1人もいない」という否定文に）

(6) <u>She</u> is my sister.（下線部を They にかえて）

| | |
|---|---|
| (1) | |
| (2) | |
| (3) | |
| (4) | |
| (5) | |
| (6) | |

**4** 次の日本文の意味を表すように，（　　）内の語句を並べかえなさい。ただし，不要な1語があります。　〈4点×4〉

(1) あなたは本を何冊持っていますか。

( books / how / you / much / have / many / do )?

(2) 彼女はこの町に友だちはいますか。

( does / any / friends / in / she / some / this town / have )?

(3) これらのぼうしはマリのものです。

( are / hat / these / Mari's / hats ).

(4) 彼はあの公園ではサッカーをしません。

( do / that / play / not / he / does / soccer / park / in ).

| | |
|---|---|
| (1) | |
| (2) | |
| (3) | |
| (4) | |

**5** 次の日本文を，（　　）内の語句を用いて英語になおしなさい。　〈4点×5〉

(1) 私たちは毎日バイオリンを弾きます。( violin, every day )

(2) 彼らは新聞を読みますか。( read, newspapers )

(3) 私たちはこの女の子たちを知っています。( these )

(4) あの男の子たちはラジオを聞きます。( those, the radio )

(5) 私の兄は彼らの英語の先生です。( their )

| (1) | |
|-----|---|
| (2) | |
| (3) | |
| (4) | |
| (5) | |

**6** 次の英文を日本語になおしなさい。　〈4点×3〉

(1) Who is the girl near the tree?

(2) Is this notebook yours?

(3) He doesn't drink any coffee.

| (1) | |
|-----|---|
| (2) | |
| (3) | |

**7** 次の英文を読んで，下の問いに答えなさい。 〈(1)・(2)・(3)3点×3，(4)3点×2〉

Hi, friends. My name is Lucy. I'm from Boston, America. Now I stay at my friend's house in Yokohama. Her name is Chika. <u>She is fourteen years old.</u> <u>I'm fourteen years old, too.</u> We often play tennis together. By the way, I like Japanese food. Japanese food is very *popular in America. It is very good for our *health. My father and mother *work at a Japanese restaurant in Boston. So we like sushi.

*popular 人気のある    health 健康    work 働く

(1) ルーシーの出身地はどこか，本文から抜き出しなさい。

(2) 下線部の2つの文を，次のような1つの文にするとき，＿＿＿に適当な英語1語を入れなさい。

＿＿＿＿＿＿ ＿＿＿＿＿＿ fourteen years old.

(3) 日本食が人気なのはなぜですか。日本語で書きなさい。

(4) ルーシーの家族が好きな食べものは何ですか。また，それはなぜですか。日本語で書きなさい。

| (1) | |
|---|---|
| (2) | |
| (3) | |
| (4) | （好きな食べもの） |
| | （好きな理由） |

# 11 what, who, which, whose

## 重要ポイント

### ① What 〜？

#### □ What＋名詞〜？

〈What＋名詞〉の形で「どんな〜」とたずねる疑問文になる。

What sport does he like?（彼はどんなスポーツが好きですか）

### ② Who 〜？

#### □ Who＋3人称単数現在形〜？

Who は「だれ」という意味の疑問詞。〈Who＋動詞〜?〉の形で「だれが〜します
か」とたずねる疑問文になる。who が主語になる疑問文では who のすぐあとに動
詞を続け，ふつうの文と同じ語順にする。動詞には 3 単現の -s，-es をつける。

Who cooks breakfast?（だれが朝食をつくりますか） — My father does.（父です）

### ③ Which 〜？

#### □ Which is 〜？

Which は「どちら」という意味の疑問詞。A か B かを選ぶときは，A or B を続けて
Which is 〜, A or B?で表す。一般動詞を使ってたずねるときはWhich do[does] 〜,
A or B ? となる。答えるときは A か B を答える。

Which do you play, soccer or baseball?（あなたはサッカーと野球ではどちらをしますか）
— I play baseball.（私は野球をします）

#### □ Which＋名詞〜？「どちらの〜」

Which car is yours?（どちらの車があなたのものですか）

### ④ Whose 〜？

#### □ Whose 〜？

〈Whose＋名詞〉の形で「だれの〜」，〈Whose＋疑問文〉の形で「〜はだれのもの
ですか」とたずねる疑問文になる。

Whose bag is this?（これはだれのかばんですか）

答え方 It's my[your]＋名詞 . / It's mine[yours].

Whose is this bag?（このかばんはだれのものですか）

答え方 It's mine[yours].

テストでは **ココ**が ねらわれる

● what「何，どんな」，who「だれ」，which「どちら，どちらの」，whose「だれの，だれのもの」など疑問詞の区別に注意。
● 疑問詞は文頭におき，その後の語順に注意。

**ポイント 一問一答**

## ① What ～?

次の英文の（　　）内の正しいものを○で囲みなさい。

□(1) あなたはどんな音楽が好きですか。

( What music / Music what ) do you like?

□(2) 彼の車は何色ですか。

( What / What color ) is his car?

## ② Who ～?

次の英文の（　　）内の正しいものを○で囲みなさい。

□(1) ( What / Who ) do you study?　— I study English.

□(2) ( What / Who ) plays the violin?　— My mother does.

□(3) Who ( cook / cooks ) dinner every day?

## ③ Which ～?

次の英文の（　　）内の正しいものを○で囲みなさい。

□(1) 彼女のかばんはどちらですか。

( What / Which ) is her bag?

□(2) あなたはこれとあれとどちらのペンがほしいですか。

Which pen do you want, this one ( and / or ) that one?

## ④ Whose ～?

次の英文の（　　）内の正しいものを○で囲みなさい。

□(1) ( Do / Whose ) racket is this?　— It's ( her / his ).

□(2) ( Is / Whose ) is this bag?　— It is ( my / mine ).

□(3) ( Who / Whose ) are these pencils?　— They are ( Mike / Mike's ).

---

**答**

① (1) What music　(2) What color

② (1) What　(2) Who　(3) cooks

③ (1) Which　(2) or

④ (1) Whose, his　(2) Whose, mine　(3) Whose, Mike's

▶答え 別冊 p.25

**1** 〈疑問詞〉 ●重要
日本文を参考にして，次の文の（ ）内から適当な語を選び，○で囲みなさい。

(1) あなたはポケットに何を持っていますか。

( Who / What / Which ) do you have in your pocket?

(2) あれはだれの家ですか。

( What / Which / Whose ) house is that?

(3) だれが部屋をそうじしますか。

( Who / What / Which ) cleans the room?

(4) あなたはどの教科が好きですか。

( Who / Whose / What ) subject do you like?

(5) これとあれのどちらがあなたの自転車ですか。

( What / Which / Whose ) is your bike, this one or that one?

(6) あの背の高い女の子はだれですか。

( Who / Whose / What ) is that tall girl?

**2** 〈疑問文に対する答え方〉
次の問いに対する答えの文をア〜カから選んで，記号で答えなさい。ただし同じものを
2度選ばないこと。

(1) What do you do on weekends? （　　　）

(2) Whose books are these? （　　　）

(3) What color do you like? （　　　）

(4) Who goes to school with you? （　　　）

(5) Which is your bag, this one or that one? （　　　）

ア　I like red. イ　This one is.

ウ　They are mine. エ　I'm fine.

オ　Taro does. カ　I play video games.

**3** 〈疑問詞の文〉
次の日本文の意味を表すように，____に適当な1語を入れなさい。

(1) これはだれのペンですか。 _____ pen is this?

(2) あなたはテレビで何を見ますか。 _____ do you watch on TV?

(3) ケンはどちらの少年ですか。 _____ boy is Ken?

**4** 〈who と whose〉 **重要**

次の対話の____に，**Who** か **Whose** のどちらかを入れなさい。

(1) A：_____ are you?

B：We're Bob's sisters.

(2) A：_____ notebook is this?

B：It's Yumi's.

**5** 〈疑問詞を使った対話文〉

絵を見て，____に適当な1語を入れなさい。

(1) A：_____ do you play in the school yard?

B：We play _____.

(2) A：_____ goes to the store?

B：Yuka _____.

(3) A：_____ are those students?

B：_____ are my friends.

💡**ヒント** ────────────────

1 それぞれの疑問詞の意味をしっかり覚えておこう。

▶ pocket [pá[ɔ]kit パ[ポ]ケト] ポケット　subject [sʌ́bdʒikt サブヂェクト] 科目

tall [tɔ́ːl トール] (背が) 高い

2 疑問詞の意味に注意する。(5) which は「どちら」の意味。

▶ video [vídiou ヴィディオゥ] game　テレビゲーム

3 それぞれ疑問詞が入る。日本文をよく読んで適当な疑問詞を考える。

4 Who ～? には名前や自分との間柄を答える。

5 答えの文に着目して考える。(2) 答えの does は goes をくり返す代わりに使う。(3) my friends がヒント。

▶ school yard [jáːrd ヤード] 校庭

**1** 次の文の (　　) 内から適当な語を選び，○で囲みなさい。

(1)( Who / Which / What ) are her books?

— These are hers.

(2)( Who / Which / What ) do you do every morning?

— I walk my dog.

(3)( Who / Whose / Which ) camera is this?

— It's my sister's.

(4)( Who / Whose / What ) is your uncle?

— He is a pilot.

(5)( Who / What / Which ) do you play, soccer or tennis?

— I play tennis.

**2** 次の文の ＿＿＿ に適当な1語を入れて，対話文を完成しなさい。

(1)A : ＿＿＿＿＿＿＿ is that?

B : ＿＿＿＿＿＿＿ a hospital.

(2)A : ＿＿＿＿＿＿＿ is this dictionary?

B : ＿＿＿＿＿＿＿ is my mother's.

(3)A : ＿＿＿＿＿＿＿ are those boys?

B : ＿＿＿＿＿＿＿ are my classmates.

(4)A : ＿＿＿＿＿＿＿ is your car, the red one or the white one?

B : The white one is ＿＿＿＿＿＿＿.

**3** 🔑重要

次の下線部が答えの中心となる問いの文を書きなさい。

(1) These are Tom's notebooks.

＿＿＿＿＿＿＿＿＿＿＿＿＿＿＿＿＿＿＿＿＿＿＿＿＿＿＿

(2) Ken plays video games.

＿＿＿＿＿＿＿＿＿＿＿＿＿＿＿＿＿＿＿＿＿＿＿＿＿＿＿

(3) He has a ball in his bag.

＿＿＿＿＿＿＿＿＿＿＿＿＿＿＿＿＿＿＿＿＿＿＿＿＿＿＿

**4** ⚠️ ミス注意

次の日本文の意味を表すように，（　　）内の語を並べかえなさい。ただし，不要な1語があります。

(1) あなたはどのケーキがほしいですか。

( whose / do / which / want / you / cake )?

_____

(2) 彼はどんな音楽を聞きますか。

( listen / music / does / what / to / who / he )?

_____

(3) あなたは週末何をしますか。

( weekends / do / what / you / on / do / which )?

_____

**5** 絵を見て，各問いに対する正しい答えをア～ウから1つずつ選びなさい。

(1) Who swims in the sea?　　　　　　（　　）

　ア　Yes, we do.

　イ　My sister and I do.

　ウ　We swim in the pool.

(2) Which is Bob?　　　　　　（　　）

　ア　The boy with a black cap.

　イ　The boy in a white shirt.

　ウ　He is Ken.

(3) What animal does the man have?　　　　　　（　　）

　ア　He has a chair.

　イ　He has a shirt.

　ウ　He has a cat.

**6** 🏠 差がつく

次の日本文を英語になおしなさい。

(1) あなたはオレンジとリンゴのどちらがほしいですか。—リンゴがほしいです。

_____

(2) だれがギターを弾きますか。—私の兄です。

_____

# 12 where, when, why

## ① Where 〜？

☐ **Where is[are]＋主語？「〜はどこにありますか[いますか]」**

Where is your child? （あなたの子どもはどこにいますか）
　　　　　<u>主語が単数</u>

Where are your children? （あなたの子どもたちはどこにいますか）
　　　　　　<u>主語が複数</u>

☐ **Where is[are] 〜？の答え方**

Where is[are] 〜？の問いには，〈主語＋be 動詞＋場所.〉の形で答える。

Where are your children? （あなたの子どもたちはどこにいますか）

— They're at the park. （彼ら[彼女たち]は公園にいます）

☐ **Where do[does] 〜？「…はどこに[で]〜しますか」**

〈Where＋do[does]＋主語＋動詞の原形〜?〉の形で，「どこに[で]〜しますか」とたずねる疑問文になる。Yes / No は使わずに，場所を表す語句を使って答える。

Where does she live? （彼女はどこに住んでいますか）

— She lives in Yokohama. （彼女は横浜に住んでいます）

## ② When 〜？

☐ **When do[does] 〜？「…はいつ〜しますか」**

〈When＋do[does]＋主語＋動詞の原形〜?〉の形で，「いつ〜しますか」とたずねる疑問文になる。Yes / No は使わずに，時を表す語句を使って答える。

When does he come home? （彼はいつ帰宅しますか）

— He comes home at three. （彼は3時に帰宅します）

When is your birthday? （あなたの誕生日はいつですか）〔動詞が be 動詞の場合〕

— It's March 10. （3月10日です）

## ③ Why 〜？ Because 〜.

☐ **Why do[does] 〜？「…はなぜ〜しますか」**

〈Why＋do[does]＋主語＋動詞の原形〜?〉の形で理由をたずねる疑問文になる。Yes / No は使わずに Because 〜. で理由を答える。

Why do you study English hard? （あなたはなぜ一生懸命英語を勉強するのですか）

— Because I like English. （なぜなら私は英語が好きだからです）

テストでは ココが ねらわれる

◉ Where is[are] 〜? は「〜はどこにありますか〔いますか〕」という文。
◉ When 〜? は時を表す語句を使って答える。
◉ Why 〜? は理由をたずねる疑問文。

ポイント **一問一答**

## ① Where 〜?

次の英文の（　　）内の正しいものを○で囲みなさい。

☐ (1) Where ( is / are ) your father?

☐ (2) Where ( is / are ) your notebooks?

☐ (3) Where ( do / are ) you go?

☐ (4) Where ( is / does ) Tom play soccer?

## ② When 〜?

次の英文の（　　）内の正しいものを○で囲みなさい。

☐ (1) ( When / Where ) do you study?

　　— I study before dinner.

☐ (2) ( Where / When ) does Mike walk his dog?

　　— In the morning.

☐ (3) ( When / Who ) do you play tennis?

　　— After school.

☐ (4) When ( is / does ) your mother's birthday?

　　— It's June 4.

## ③ Why 〜?  Because 〜.

次の英文の（　　）内の正しいものを○で囲みなさい。

☐ (1) あなたはなぜ図書館へ行くのですか。—なぜなら私はたくさんの宿題があるからです。

　　( When / Why ) do you go to the library?

　　— Because I have a lot of homework.

☐ (2) 彼女はどうして毎日忙しいのですか。—なぜなら彼女は放課後にテニスを練習するからです。

　　( What / Why ) is she busy every day?

　　— Because she practices tennis after school.

答

① (1) is　(2) are　(3) do　(4) does
② (1) When　(2) When　(3) When　(4) is
③ (1) Why　(2) Why

**1** 〈Where 〜? の文〉
次の日本文の意味を表すように，＿＿＿に適当な 1 語を入れなさい。

(1) 彼のギターはどこにありますか。

＿＿＿＿＿＿＿＿＿ ＿＿＿＿＿＿＿＿＿ his guitar?

(2) 彼らは今どこにいるのですか。

＿＿＿＿＿＿＿＿＿ ＿＿＿＿＿＿＿＿＿ they now?

(3) 私のリンゴはどこにありますか。

＿＿＿＿＿＿＿＿＿ ＿＿＿＿＿＿＿＿＿ my apples?

(4) あなたたちはどこで野球をしますか。

＿＿＿＿＿＿＿＿＿ ＿＿＿＿＿＿＿＿＿ you play baseball?

**2** 〈疑問文に対する答え方〉
次の問いに対する答えの文をア〜カから選んで，記号で答えなさい。ただし同じものを 2 度選ばないこと。

(1) Where is the map? （　　　）

(2) When does Nancy help her mother? （　　　）

(3) When is the festival? （　　　）

(4) Where do they study? （　　　）

(5) What do you do after dinner? （　　　）

　　ア　It's on August 10.　　　　　イ　I listen to music.
　　ウ　In the library.　　　　　　エ　It's on the desk.
　　オ　After dinner.　　　　　　　カ　I like music.

**3** 〈疑問詞の意味〉
次の英文を日本語になおしなさい。

(1) Where is your school?

（　　　　　　　　　　　　　　　　　　　　　　　　　　　　　　）

(2) Why do you want a new bike?

（　　　　　　　　　　　　　　　　　　　　　　　　　　　　　　）

**4** 〈対話文〉 🔊重要

次の日本文の意味を表すように，＿＿に適当な1語を入れなさい。

(1) あなたはどこで宿題をしますか。―自分の部屋でします。

＿＿＿＿＿＿＿ ＿＿＿＿＿＿＿ you do your homework?

― I do it ＿＿＿＿＿＿＿ my room.

(2) トムはいつテレビゲームをしますか。―夕飯の前です。

＿＿＿＿＿＿＿ ＿＿＿＿＿＿＿ Tom play video games?

― ＿＿＿＿＿＿＿ dinner.

(3) 彼らはどこにいますか。―公園にいます。

＿＿＿＿＿＿＿ ＿＿＿＿＿＿＿ they?

― They're ＿＿＿＿＿＿＿ the park.

**5** 〈疑問文の語順〉 🔊重要

次の日本文の意味を表すように，（　　）内の語を並べかえなさい。ただし，不要な1語があります。

(1) 彼らはどこでサッカーの練習をしますか。

( practice / they / where / soccer / do / which ) ?

＿＿＿＿＿＿＿＿＿＿＿＿＿＿＿＿＿＿＿＿＿＿＿＿＿＿＿＿

(2) あなたのお母さんはいつケーキをつくりますか。

( your / what / cake / make / when / does / mother / a ) ?

＿＿＿＿＿＿＿＿＿＿＿＿＿＿＿＿＿＿＿＿＿＿＿＿＿＿＿＿

(3) あなたはなぜアメリカに行くのですか。

( do / America / when / go / you / why / to ) ?

＿＿＿＿＿＿＿＿＿＿＿＿＿＿＿＿＿＿＿＿＿＿＿＿＿＿＿＿

ヒント

1 主語が単数か複数かに注意する。

2 場所や時を表す語句をしっかり覚えよう。

➡ map[mǽp マップ] 地図　festival[féstəvl フェスティヴル] お祭り　August[ɔ́ːgəst オーガスト] 8月

3 Where 〜? は場所を，Why 〜? は理由をたずねる疑問文。

5 疑問詞は文の最初に置く。

**1** 次の対話文が完成するように，＿＿に適当な1語を入れなさい。

(1) ＿＿＿＿＿＿ ＿＿＿＿＿＿ Mary?

— She is in the kitchen.

(2) ＿＿＿＿＿＿ ＿＿＿＿＿＿ he live?

— He lives in a small town.

(3) ＿＿＿＿＿＿ ＿＿＿＿＿＿ the children?

— They are by the tree.

**2** 次の英文を日本語になおしなさい。

(1) When is Ken's birthday? — It is September 20.

(　　　　　　　　　　　　　　　　　　　　　　　　　　　　　)

(2) Where are your friends? — They are in the living room. (living room「居間」)

(　　　　　　　　　　　　　　　　　　　　　　　　　　　　　)

(3) Why are you here?

(　　　　　　　　　　　　　　　　　　　　　　　　　　　　　)

**3** 重要

次の日本文の意味を表すように，（　　）内の語を並べかえなさい。

(1) あなたの学校はいつ始まりますか。

( does / school / when / start / your )?

＿＿＿＿＿＿＿＿＿＿＿＿＿＿＿＿＿＿＿＿＿＿＿＿＿＿＿＿＿＿

(2) 彼女はどこで昼食を食べますか。

( have / she / lunch / does / where )?

＿＿＿＿＿＿＿＿＿＿＿＿＿＿＿＿＿＿＿＿＿＿＿＿＿＿＿＿＿＿

(3) 彼女のピアノはどこですか。

( piano / where / her / is )?

＿＿＿＿＿＿＿＿＿＿＿＿＿＿＿＿＿＿＿＿＿＿＿＿＿＿＿＿＿＿

(4) 彼は今なぜ空港にいますか。

( why / airport / is / the / he / at ) now?

＿＿＿＿＿＿＿＿＿＿＿＿＿＿＿＿＿＿＿＿＿＿＿＿＿＿ now?

**4** ⚠ ミス注意
下線部が答えの中心になるような疑問文を書きなさい。

(1) The ticket is <u>in your pocket</u>.

_____

(2) I eat <u>an apple</u> every day.

_____

(3) She plays the piano <u>in the morning</u>.

_____

(4) My birthday is <u>July 4</u>.

_____


**5** 次の絵を見て，下の対話文の＿＿に適当な1語を入れなさい。

(1) ＿＿＿＿＿＿＿＿ is the chair?
　　— It ＿＿＿＿＿＿＿＿ by the door.

(2) ＿＿＿＿＿＿＿＿ are the books?
　　— ＿＿＿＿＿＿＿＿ are ＿＿＿＿＿＿＿＿ the chair.


**6** 🏠 差がつく
次の日本文を英語になおしなさい。

(1) タカシは今どこにいますか。

_____

(2) あなたのお父さんはどこで本を読みますか。—部屋で読みます。

_____

(3) あなたはいつ宿題をしますか。

_____

## 重要ポイント

### ① What time is it? / What time do 〜?

#### ☐ What time is it?「何時ですか」

「何時ですか」と時刻をたずねるときは，What time で文を始め，主語に it を使う。この it は形式的なもので，「それは」という意味はない。

答えるときは，〈It is＋時刻 .〉の形にする。「9時」のようにちょうどの時刻を表すときは，あとに o'clock をつけることもある。「〜時…分」は〈時＋分〉の形で表す。

    It is nine (o'clock).（9時です）  It is nine ten.（9時10分です）

#### ☐ What time do [does]＋主語＋動詞の原形〜?「何時に〜しますか」

「何時に〜しますか」とたずねるときは，What time で文を始め，〈do [does]＋主語＋動詞の原形〜?〉と続ける。

    What time <u>do you go to bed?</u>（あなたは何時に寝ますか）
    何時に     一般動詞の疑問文

この問いに「〜時に…します」と答えるときの「〜時に」は〈at＋時刻〉の形で表す。

    I go to bed at ten.（私は10時に寝ます）

> 「ちょうど」は just,
> 「〜ごろ」は about [around] で表す。

### ② it の特別用法

#### ☐ It is cold today.「今日は寒いです」

it は，時刻や曜日などのほかに，寒暖，天候，季節を表す場合にも使われる。

- 曜日   It is Sunday today.（今日は日曜日です）
- 寒暖   It is hot today.（今日は暑いです）
- 天候   It is sunny today.（今日は晴れです）
- 季節   It is spring now.（今は春です）

### ③ 曜日・日付のたずね方

#### ☐ What day is it today?「今日は何曜日ですか」

曜日をたずねるいい方。it を主語にして答える。it は省略してもよい。

    What day is it today?（今日は何曜日ですか）— It is Wednesday.（水曜日です）

#### ☐ What is the date today?「今日は何月何日ですか」

日付をたずねるいい方。曜日と同様 it で答える。

    What is the date today?（今日は何月何日ですか）— It is September 9.（9月9日です）

● 「何時ですか」と時刻をたずねる文は What time is it?
● 「～時（…分）です」は 〈It is＋時（＋分）.〉の形で表す。
● 「何時に～しますか」は 〈What time＋一般動詞の疑問文 ?〉の形で表す。

**ポイント 一問一答**

## ① What time is it? / What time do ～?

次の英文の（　　）内の正しいものを○で囲みなさい。

□ (1) ( When / What ) time is it now?

— ( It is / This is ) twelve thirty.

□ (2) ( When / What ) time do you go to school?

— I go to school ( at / in ) eight.

□ (3) ( What / Which ) time does she get up?

— She gets up at ( about / on ) seven.

## ② it の特別用法

次の英文の（　　）内の正しいものを○で囲みなさい。

□ (1) ( It / This ) is cloudy today.

□ (2) ( It / That ) is fall now.

□ (3) ( It's / This is ) Monday tomorrow.

□ (4) ( It / This / There ) is warm today.

## ③ 曜日・日付のたずね方

次の英文の（　　）内の正しいものを○で囲みなさい。

□ (1) ( What / When ) day is it tomorrow?

— ( It / That ) is Saturday.

□ (2) ( What / How ) is the date tomorrow?

— ( It's / This is ) July 14.

□ (3) ( What / Which ) is the date next week Thursday?

— ( It's / That's ) October 9.

---

**答** ① (1) What, It is　(2) What, at　(3) What, about

② (1) It　(2) It　(3) It's　(4) It

③ (1) What, It　(2) What, It's　(3) What, It's

**1** 〈時刻のたずね方と答え方〉

次の日本文の意味を表す英文をア〜ウから選び，記号で答えなさい。

(1) 何時ですか。　　　　　　　　　　　　　　　　　　　　　　　　（　　　）

　　ア　When time is it?　　　　　　イ　What time is this?

　　ウ　What time is it?

(2) 6時です。　　　　　　　　　　　　　　　　　　　　　　　　　（　　　）

　　ア　It is six o'clock.　　　　　　イ　This is six o'clock.

　　ウ　It is at six o'clock.

(3) 8時40分です。　　　　　　　　　　　　　　　　　　　　　　　（　　　）

　　ア　It is forty eight.　　　　　　イ　This is eight forty.

　　ウ　It is eight forty.

(4) 彼は何時に来ますか。　　　　　　　　　　　　　　　　　　　　（　　　）

　　ア　When time does he come?　　イ　What time does he come?

　　ウ　What time do he come?

**2** 〈時刻の表し方①〉

次の英語で示した時刻を数字で書き表しなさい。

(1) It is seven o'clock.　　　→　It is（　　　）:（　　　）.

(2) It is twelve fifteen.　　　→　It is（　　　）:（　　　）.

(3) It is three thirty.　　　　→　It is（　　　）:（　　　）.

(4) It is one twenty-five.　　→　It is（　　　）:（　　　）.

(5) It is six fifty-nine.　　　→　It is（　　　）:（　　　）.

**3** 〈時刻の表し方②〉

次の数字で示した時刻を英語で書き表しなさい。

(1) It is 4:00.　　　→　It is _____ _____ .

(2) It is 12:10.　　→　It is _____ _____ .

(3) It is 1:45.　　　→　It is _____ _____ .

(4) It is 3:26.　　　→　It is _____ _____ .

(5) It is 7:39.　　　→　It is _____ _____ .

**4** 〈時刻や天気に関する文〉
次の日本文の意味を表すように，＿＿＿に適当な1語を入れなさい。

(1) トロントでは今何時ですか。

＿＿＿＿＿＿ ＿＿＿＿＿＿ is ＿＿＿＿＿＿ in Toronto now?

(2) （今は）朝の10時です。

＿＿＿＿＿＿ ten ＿＿＿＿＿＿ the morning.

(3) 今日は暑いですか。　Is ＿＿＿＿＿＿ hot today?

(4) 私の父は10時ごろに帰宅します。

My father comes home at ＿＿＿＿＿＿ ten.

**5** 〈時刻のたずね方〉 🔊重要
次の日本文の意味を表す英文になるように，（　　）内の語を並べかえなさい。ただし，不要な1語があります。

(1) あなたたちは何時に起きますか。　( does / time / do / you / what ) get up?

＿＿＿＿＿＿＿＿＿＿＿＿＿＿＿＿＿＿ get up?

(2) 彼は何時に朝食を食べますか。

( when / time / he / what / eat / does ) breakfast?

＿＿＿＿＿＿＿＿＿＿＿＿＿＿＿＿＿＿ breakfast?

(3) あなたのお父さんは何時にお風呂に入りますか。

( take / your / time / takes / does / father / what ) a bath?

＿＿＿＿＿＿＿＿＿＿＿＿＿＿＿＿＿＿ a bath?

**6** 〈曜日と日付のたずね方〉 🔊重要
次の英文を日本語になおしなさい。

(1) What day is today?　— It's Monday.

（　　　　　　　　　　　　　　　　　　　　　　　）

(2) What is the date today?　— It's May 20.

（　　　　　　　　　　　　　　　　　　　　　　　）

💡ヒント
1 時刻を表す文の主語は it。(3)「～時…分」は〈時＋分〉で表す。
▶ time[táim タイム] 時刻，時間　o'clock[əklá[ɔ]k オクラ[ロ]ック]～時
2 (3) thirty は30。(4) twenty-five は25。(5) fifty-nine は59。
4 (3) 寒暖を表す文の主語にも it を使う。
▶ Toronto[tərá[ɔ]ntou トゥラ[ロ]ントゥ] トロント（カナダの都市）
5 「何時に～するか」は〈What time＋一般動詞の疑問文？〉の形で表す。
▶ bath[bǽ[áː]θ バ[バー]ス] 入浴，風呂　take a bath 風呂に入る

**1** 次の絵を見て，＿＿に適当な1語を入れなさい。

(1) A : What time is it?

　 B : It's ＿＿＿＿＿＿ seven.

(2) A : ＿＿＿＿＿＿ time do you go to bed?

　 B : I go to bed ＿＿＿＿＿＿ ＿＿＿＿＿＿ .

(3) A : Do you take the train at eight?

　 B : No.  I take the train at ＿＿＿＿＿＿ ＿＿＿＿＿＿ .

(4) A : Does your father come home at seven thirty?

　 B : ＿＿＿＿＿＿ , he ＿＿＿＿＿＿ .

**2** 次の疑問文の答えとして適するものを，下のア～オから選んで，記号で答えなさい。

(1) What time is it? 　　　　　　　　　　　　　　　　　　　　（　　　）

(2) Is it cloudy today? 　　　　　　　　　　　　　　　　　　（　　　）

(3) What time does he get up? 　　　　　　　　　　　　　　（　　　）

(4) Is it hot today? 　　　　　　　　　　　　　　　　　　　　（　　　）

　ア　At seven thirty. 　　　　イ　No, it isn't.  It's cold.

　ウ　No, it isn't.  It's sunny. 　　エ　It's seven twenty.

　オ　He leaves home at eight fifteen.

**3** 次の（　　　）内の語を並べかえて，正しい英文をつくりなさい。

(1) ( date / is / what / tomorrow / the )?

＿＿＿＿＿＿＿＿＿＿＿＿＿＿＿＿＿＿＿＿＿＿＿＿＿＿＿＿＿＿＿＿＿＿＿＿

(2) ( your / do / to / what / get / you / office / time )?

＿＿＿＿＿＿＿＿＿＿＿＿＿＿＿＿＿＿＿＿＿＿＿＿＿＿＿＿＿＿＿＿＿＿＿＿

**4** 次の文の下線部をたずねる疑問文をつくりなさい。

(1) It is three o'clock.

_____

(2) I have breakfast at seven every day.

_____

(3) My father usually comes home at eight twenty.

_____

(4) He finishes his homework at about nine thirty.

_____

**5** 次の対話文が成り立つように, ____ に適当な1語を入れなさい。

(1) A : What day is _____ today?

    B : It's Sunday.

(2) A : _____ time do you get up?

    B : I get up at seven.

(3) A : What _____ is it?

    B : It's ten o'clock.

**6** 重要

与えられた語を使って, 次の日本文を英語になおしなさい。

(1) あなたの学校は何時に始まりますか。( time, start )

_____

(2) 今日は何曜日ですか。—火曜日です。( day, Tuesday )

_____  —  _____

(3) そのテレビ番組は何時に終わりますか。( TV program, end )

_____

(4) 今ちょうど8時です。その映画は8時に始まります。( movie, start )

_____

(5) 私は1時ごろに昼食を食べます。( eat, lunch )

_____

# 14 how

## ① How old 〜? / How tall[long] 〜?

### □ How old 〜?「〜は何歳(なんさい)ですか」

年齢(ねんれい)をたずねるときは〈How old＋be 動詞＋主語?〉を使う。〜 years old.「〜歳
です」の形で答えるが，years old は省略することもできる。

How old is your father?（あなたのお父さんは何歳ですか）

— He is forty-five (years old).（彼は45歳です）

### □ How tall[long] 〜?「〜の身長〔長さ〕はどれくらいですか」

身長やものの長さ，高さをたずねるときは〈How tall[long / high] 〜?〉を使う。

How tall are you?（あなたの身長はどれくらいですか）

### □ How much＋be 動詞＋主語?「〜はいくらですか」

値段をたずねるときは〈How much＋be 動詞＋主語?〉
を使う。

How much is this cap?（このぼうしはいくらですか）

— It's eight hundred yen.（800円です）

> その他の How 〜?
> How many 〜? 〈数〉
> How long 〜? 〈期間〉
> How deep 〜? 〈深さ〉
> How far 〜? 〈距離(きょり)〉
> How often 〜? 〈頻度(ひんど)〉
> How much 〜?
> 〈値段・量〉

## ② How do[does] 〜?

### □ How do you 〜?「あなたはどうやって〜しますか」

「どのように，どうやって」と何かの手段や方法をたずねるときは〈How＋
do[does]＋主語＋動詞〜?〉の形を使う。

How do you go there?（あなたはそこへどうやって行くのですか）

( I go there ) by car.（私はそこへ車で行きます）

How does she go there?（彼女はどうやってそこへ行きますか）

— She walks there.（彼女はそこへ歩いて行きます）

> by のあとの名詞には
> a，the がつかない。
> （×）By a car.

## ③ How do you do?

### □ いろいろな会話表現で使われる how

How do you do?（はじめまして）　How are you?（お元気ですか）

How about you?（あなたはどうですか）

How do you like Japan?（日本はいかがですか）

How is the weather today?（今日の天気はどうですか）

テストでは **ココ** がねらわれる

●年齢をたずねるときは，How old ～? の形で表す。答えるときは ～ years old. で答える。
●身長〔長さ・期間〕をたずねるときは，How tall[long] ～? の形で表す。身長をたずねるときは tall を使うことに注意する。

**ポイント 一問一答**

## ① How old ～? / How tall[long] ～?

次の英文の（　　）内の正しいものを○で囲みなさい。

☐ (1) How ( tall / old ) is your mother?
— She's forty-three years old.

☐ (2) How ( many / much ) is this bike?

☐ (3) How ( tall / long ) are you?
— I'm 160 *centimeters tall.　　　　　　　　*centimeter　センチメートル

☐ (4) How ( many / much ) apples do you have?

☐ (5) How ( deep / far ) is your aunt's house?

☐ (6) How ( many / often ) do you practice the violin?
— I practice the violin twice a week.

## ② How do[does] ～?

次の英文の（　　）内の正しいものを○で囲みなさい。

☐ (1) How ( do / does ) she ( come / comes ) here?

☐ (2) How ( do / does ) they ( make / makes ) that?

☐ (3) How ( do / does ) Jane ( drink / drinks ) coffee?

☐ (4) How ( do / does ) Kate ( go / goes ) to the library?
— ( On / By ) train.

## ③ How do you do?

次の英文の（　　）内の正しいものを○で囲みなさい。

☐ (1) How ( do / are ) you do?

☐ (2) How ( do / about ) Lucy?

☐ (3) How ( is / are ) the weather in your city?

☐ (4) How ( do / is ) you feel now?

---

**答**
① (1) old　(2) much　(3) tall　(4) many　(5) far　(6) often
② (1) does, come　(2) do, make　(3) does, drink　(4) does, go, By
③ (1) do　(2) about　(3) is　(4) do

# 基 礎 問 題

▶答え 別冊p.29

**1** 〈How で始まる疑問文〉 🔊重要

次の文の（　　）内から適当な語を選び，〇で囲みなさい。

(1) ( How / What ) old is your grandfather?

(2) ( Which / How / What ) do you come to school?

(3) How ( many / much / old ) brothers do you have?

(4) How ( long / high / tall / far ) is your mother?

(5) How ( long / high / tall / far ) is your school from here?

**2** 〈How ～? に対する答え方〉

次の問いに対する正しい答えをア～ウから選び，記号で答えなさい。

(1) How old are you?　　　　　　　　　　　　　　　　　　　（　　）

　　ア　I'm five feet tall.　　　　　　イ　He's fifteen years old.

　　ウ　I'm fourteen years old.

(2) How do you go to school?　　　　　　　　　　　　　　（　　）

　　ア　I go to school by bus.　　　　イ　I go to school at eight.

　　ウ　It's very far.

(3) How much is this sandwich?　　　　　　　　　　　　　（　　）

　　ア　It's five hundred feet.　　　　イ　It's three hundred yen.

　　ウ　It's one hundred years old.

(4) How long do you sleep?　　　　　　　　　　　　　　　（　　）

　　ア　I sleep for seven hours.　　　イ　It is five hours.

　　ウ　I go to bed at ten.

(5) How are you, Mr. Brown?　　　　　　　　　　　　　　（　　）

　　ア　I play soccer.　　　　　　　　イ　How do you do?

　　ウ　I'm fine, thank you.

**3** 〈How を使った対話文〉

次の文の＿＿に適当な1語を入れて，対話文を完成しなさい。

(1) A : How ＿＿＿＿＿＿ is Mark?

　　B : He is thirteen ＿＿＿＿＿＿ old.

(2) A：How ＿＿＿＿＿＿ is this camera?

B：It's 30,000 yen.

(3) A：＿＿＿＿＿＿ ＿＿＿＿＿＿ is that mountain?

B：It's 2,000 feet ＿＿＿＿＿＿.

**4** 〈How の疑問文のつくり方〉 🔵重要
次の日本文の意味を表すように，（　　）内の語を並べかえなさい。

(1) あなたのお兄さんは何歳ですか。

( your / is / old / how / brother )?

＿＿＿＿＿＿＿＿＿＿＿＿＿＿＿＿＿＿＿＿＿＿＿＿

(2) この川の長さはどれくらいですか。

( river / long / is / how / this )?

＿＿＿＿＿＿＿＿＿＿＿＿＿＿＿＿＿＿＿＿＿＿＿＿

(3) マキは何本の花を持っていますか。

( flowers / Maki / does / how / have / many )?

＿＿＿＿＿＿＿＿＿＿＿＿＿＿＿＿＿＿＿＿＿＿＿＿

**5** 〈How ～? の疑問文の意味〉
次の英文を日本語になおしなさい。

(1) How is the weather today?

（　　　　　　　　　　　　　　　　　　　　　　）

(2) I like baseball.  How about you?

（　　　　　　　　　　　　　　　　　　　　　　）

(3) How long is this train?

（　　　　　　　　　　　　　　　　　　　　　　）

💡ヒント

1 (3) あとに複数形の名詞が続いているので，数をたずねている。

➡ far[fá:r ファー] 遠くに

2 (1)は年齢，(2)は手段，(3)は値段，(4)は時間の長さをたずねている。(5)はあいさつである。

➡ hundred[hʌ́ndrəd ハンドゥレッド] 100 (の)　hour[áuər アウア] 1 時間

3 (3) mountain は「山」なので，高さについての問答。

➡ feet[fí:t フィート] フィート（長さの単位，1 フィートは30.48センチ）

4 (2) ものの長さは How long ～? でたずねる。(3) 数は How many ～? でたずねる。

5 (1) 天候をたずねている。(2) How about you? は相手の意見を求めている。

➡ weather[wéðər ウェザァ] 天気

**1** 次の疑問文の答えとして最も適するものを下のア～オから選び，記号で答えなさい。

(1) How tall is she? （　　）

(2) How old is he? （　　）

(3) How many sisters do you have? （　　）

(4) How long is this bus? （　　）

(5) How much time do you need? （　　）

　　ア　I have two sisters.

　　イ　It is ten meters long.

　　ウ　He is twenty-nine years old.

　　エ　She is three feet eight inches tall.

　　オ　About thirty minutes.

**2** 次の場合に用いる英文になるように，＿＿に適当な1語を書きなさい。

(1) 相手のおばさんの年齢をたずねる場合。

　　＿＿＿＿＿＿ ＿＿＿＿＿＿ is your aunt?

(2) ケーキの感想をたずねる場合。

　　＿＿＿＿＿＿ ＿＿＿＿＿＿ you ＿＿＿＿＿＿ my cake?

(3) 近くにある木の高さをたずねる場合。

　　＿＿＿＿＿＿ ＿＿＿＿＿＿ is this tree?

(4) ノートの値段をたずねる場合。

　　＿＿＿＿＿＿ ＿＿＿＿＿＿ ＿＿＿＿＿＿ this notebook?

**3** 次の文の＿＿に適当な1語を入れて，対話文を完成しなさい。

(1) A : How ＿＿＿＿＿＿ is it from here to the station?

　　B : It's about five kilometers.

(2) A : ＿＿＿＿＿＿ do you go to the city?

　　B : I go there ＿＿＿＿＿＿ bus.

(3) A : How ＿＿＿＿＿＿ hats do you have?

　　B : About 20.

**4** ⚠️ミス注意

次の日本文の意味を表すように，（　）内の語を並べかえなさい。ただし 1 語不足しているので，その語を加えて全文を書きなさい。

(1) ビルは15歳です。

( fifteen / is / Bill / old ).

_____

(2) ジムはどのくらいひんぱんにここにきますか。

( does / how / here / Jim / come )?

_____

(3) 富士山の高さはどれくらいですか。

( Mt. Fuji / how / is )?

_____

(4) あなたのクラスには何人の生徒がいますか。

( your / in / students / have / do / how / class / you )?

_____
_____

**5** 🔑重要

次の文の下線部をたずねる疑問文をつくりなさい。

(1) My sister is eight years old.

_____

(2) We have five lessons on Monday.

_____

(3) Jane comes to school by train.

_____
_____

**6** 差がつく

次の日本文を英語になおしなさい。

(1) はじめまして。

_____

(2) あなたは 1 週間に英語の授業は何時間ありますか。

_____

(3) このうで時計はいくらですか。

_____

# 数の表し方

▶答え　別冊 p.31

**①** 〈基数①〉
次の英語が表す数字を（　　）に書きなさい。

(1) nine　　（　　　　） 　(2) eleven　　（　　　　） 　(3) three　　（　　　　）

(4) fifteen　（　　　　） 　(5) eight　　（　　　　） 　(6) twenty　（　　　　）

(7) thirty　（　　　　） 　(8) fourteen　（　　　　） 　(9) sixteen　（　　　　）

**②** 〈基数②〉
次の数字を英語になおして書きなさい。

(1) 2 ＿＿＿＿＿＿　　(2) 17 ＿＿＿＿＿＿　　(3) 80 ＿＿＿＿＿＿

(4) 12 ＿＿＿＿＿＿　　(5) 18 ＿＿＿＿＿＿　　(6) 69 ＿＿＿＿＿＿

(7) 40 ＿＿＿＿＿＿　　(8) 35 ＿＿＿＿＿＿　　(9) 51 ＿＿＿＿＿＿

**③** 〈序数①〉
次の英語が表す意味を（　　）内に書きなさい。

(1) the fourth　　（　　　　） 　(2) the eighteenth　　（　　　　）

(3) the first　　（　　　　） 　(4) the fifth　　（　　　　）

(5) the thirtieth　　（　　　　）

**④** 〈序数②〉
次の序数を英語になおして書きなさい。

(1) 第3番目（の）　＿＿＿＿＿＿＿＿＿

(2) 第12番目（の）　＿＿＿＿＿＿＿＿＿

(3) 第42番目（の）　＿＿＿＿＿＿＿＿＿

(4) 第60番目（の）　＿＿＿＿＿＿＿＿＿

(5) 第90番目（の）　＿＿＿＿＿＿＿＿＿

**⑤** 〈数の表し方〉
次の計算式の答えを＿＿に英語で書きなさい。

(1) $5+8=$　＿＿＿＿＿＿　　(2) $65+25=$　＿＿＿＿＿＿

(3) $24-9=$　＿＿＿＿＿＿　　(4) $6\times9=$　＿＿＿＿＿＿

(5) $72\div6=$　＿＿＿＿＿＿

**⑥** 〈月・曜日・季節の名①〉
次の月名・曜日名・季節名を，（　　）内に日本語で書きなさい。

(1) November　　　（　　　　　）　　(2) Thursday　　　（　　　　　　）

(3) May　　　　　　（　　　　　）　　(4) December　　　（　　　　　　）

(5) March　　　　　（　　　　　）　　(6) fall　　　　　　（　　　　　　）

**⑦** 〈月・曜日・季節の名②〉
次の月名・曜日名・季節名を，＿＿に英語で書きなさい。

(1) 土曜日　＿＿＿＿＿＿＿　(2) 10月　＿＿＿＿＿＿＿　(3) 夏　＿＿＿＿＿＿＿

(4) 9 月　＿＿＿＿＿＿＿　(5) 水曜日　＿＿＿＿＿＿＿　(6) 1 月　＿＿＿＿＿＿＿

**⑧** 〈序数・月の表し方〉
次の英文の＿＿に，適する序数や月名・曜日名を書きなさい。

(1) April is the ＿＿＿＿＿＿ month of the year.

(2) The eighth month of the year is ＿＿＿＿＿＿.

(3) ＿＿＿＿＿＿ is the second day of the week.　Tuesday is the third.

(4) The ＿＿＿＿＿＿ day of the week is Friday.

**⑨** 〈月日と曜日の表し方〉
次の日本文を It is ～. を使って英語になおしなさい。

(1) 今日は日曜日です。

＿＿＿＿＿＿＿＿＿＿＿＿＿＿＿＿＿＿＿＿＿＿＿＿＿＿＿＿＿＿＿＿＿

(2) 今日は11月15日です。

＿＿＿＿＿＿＿＿＿＿＿＿＿＿＿＿＿＿＿＿＿＿＿＿＿＿＿＿＿＿＿＿＿

**⑩** 〈月と曜日が中心の問答〉
次の質問に英語で答えなさい。

(1) Is July the seventh month of the year?

＿＿＿＿＿＿＿＿＿＿＿＿＿＿＿＿＿＿＿＿＿＿＿＿＿＿＿＿＿＿＿＿＿

(2) Is Wednesday the first day of the week?

＿＿＿＿＿＿＿＿＿＿＿＿＿＿＿＿＿＿＿＿＿＿＿＿＿＿＿＿＿＿＿＿＿

(3) What is the second month of the year?

＿＿＿＿＿＿＿＿＿＿＿＿＿＿＿＿＿＿＿＿＿＿＿＿＿＿＿＿＿＿＿＿＿

(4) What is the next day of Wednesday?

＿＿＿＿＿＿＿＿＿＿＿＿＿＿＿＿＿＿＿＿＿＿＿＿＿＿＿＿＿＿＿＿＿

# 実力アップ問題

◎制限時間 **40**分
◎合格点 **80** 点
▶答え 別冊 p.31

点

**1** 次の___に適当な 1 語を入れて，対話文を完成しなさい。　　　　　〈2点×7〉

(1) How _____ is Tom? — He is thirteen years old.

(2) _____ is your car? — It's over there.

(3) How _____ is this book? — It is 3,000 yen.

(4) _____ month comes after August? — September does.

(5) How _____ you go to the shop? — By train.

(6) _____ time do you usually go to bed?

　— I usually go to bed at eleven o'clock.

(7) How _____ you feel? — I feel fine.

| (1) | | (2) | | (3) | | (4) | |
|---|---|---|---|---|---|---|---|
| (5) | | (6) | | (7) | | | |

**2** 次の(1) ～ (7)の問いに対する答えをア～キから 1 つずつ選び，記号で答えなさい。　〈1点×7〉

(1) Whose book is this?

(2) What is your brother?

(3) Which car is yours?

(4) How much is this coat?

(5) How many dogs do you have?

(6) How does she go to the pool?

(7) How are you?

　ア　I'm fine.　　　　　イ　Two hundred dollars.

　ウ　I have three.　　　エ　On foot.

　オ　That red one is.　　カ　He's a pilot.

　キ　It's mine.

| (1) | | (2) | | (3) | | (4) | |
|---|---|---|---|---|---|---|---|
| (5) | | (6) | | (7) | | | |

**3** 次の日本文の意味を表すように，＿＿＿に適当な 1 語を入れなさい。　　　　〈3点×4〉

(1) 私の写真はどこですか。

＿＿＿＿＿＿ ＿＿＿＿＿＿ my pictures?

(2) トムはいつテレビゲームをしますか。

＿＿＿＿＿＿ ＿＿＿＿＿＿ Tom play video games?

(3) 今日の天気はどうですか。

＿＿＿＿＿＿ is the ＿＿＿＿＿＿ today?

(4) 明日は何曜日ですか。

＿＿＿＿＿＿ ＿＿＿＿＿＿ is ＿＿＿＿＿＿ tomorrow?

| (1) | | (2) | | |
|---|---|---|---|---|
| (3) | | (4) | | |

**4** 次の日本文の意味を表すように，（　　）内の語を並べかえなさい。ただし，1 語不足しているので，その語を加えて全文を書きなさい。　　　　〈3点×5〉

(1) パリでは今何時ですか。

( is / in / Paris / what / now / time )?

(2) 夜の 8 時です。

( at / eight / night ).

(3) あなたはどちらのバッグがほしいですか。

( do / bag / you / want )?

(4) 京都はいかがですか。

( you / Kyoto / like / do )?

(5) あなたのお母さんはどこで野菜を買いますか。

( vagetables / does / buy / mother / your )?

| (1) | |
|---|---|
| (2) | |
| (3) | |
| (4) | |
| (5) | |

**5** 次の文の下線部をたずねる疑問文をつくりなさい。　　　　　　　　〈3点×3〉

(1) It is ten five.

(2) This building is fifty-nine years old.

(3) Your picture is in the box.

| (1) | |
|---|---|
| (2) | |
| (3) | |

**6** 与えられた語を使って，次の日本文を英語になおしなさい。　　　　　〈3点×3〉

(1) あなたは CD を何枚持っていますか。（ CDs ）

(2) 私は春が好きです。あなたはどうですか。（ spring ）

(3) このプールはどれぐらいの深さですか。（ pool ）

| (1) | |
|---|---|
| (2) | |
| (3) | |

**7** 右の絵を見て，次の問いに英語で答えなさい。　　　　　　　　　　〈3点×4〉

(1) Where are the books?

(2) Whose is the notebook?

(3) Where is the vase? (vase　花びん)

(4) What is under the desk?

| (1) | |
|---|---|
| (2) | |
| (3) | |
| (4) | |

**8** 次の英文を読んで，あとの問いに答えなさい。 〈(1)・(2)4点×2，(3)3点×2，(4)2点×4〉

Ken：Hi, Emi.

Emi：Hi, Ken.

Ken：Emi, we have a baseball game today.  Mr. Tanaka, our English teacher, plays it, too.

Emi：That's good.  Does he play baseball very well?

Ken：Yes, he does.  He is a very good player.

Emi：He plays tennis very well, too.  He plays ① it with our club members every day.  He is a nice teacher.  ②（あなたは今日はどこで野球をするの？）

Ken：In the park.  It begins at three o'clock.

Emi：It's two thirty now.  Do you come with me?

Ken：OK.  Let's go!

(1) 下線部①の it が指すものを，本文中から1語で抜き出して書きなさい。

(2) 下線部②の日本文の意味を表す英文をつくりなさい。

(3) 次の問いに英語で答えなさい。

　① What sports does Mr. Tanaka play?

　② What time does the baseball game begin?

(4) 次の英文が，本文の内容と合っていれば〇，ちがっていれば×を書きなさい。

　ア　Ken plays basketball today.

　イ　Mr. Tanaka plays baseball well.

　ウ　Emi is a member of the tennis club.

　エ　Mr. Tanaka doesn't play tennis very well.

| (1) | | |
|---|---|---|
| (2) | | |
| (3) | ① | |
| | ② | |
| (4) | ア　　　　　イ　　　　　ウ　　　　　エ | |

# 15 can

## ① I can 〜. / I cannot[can't] 〜.

### □ I can 〜.「私は〜することができます」

can は「〜できる」の意味を表す助動詞で，動詞の前に置いて〈can＋動詞の原形〉の形で使う。can は主語が何であっても形はかわらない。

He　　　plays tennis.（彼はテニスをします）

He can play　tennis.（彼はテニスができます）
　　　　　　動詞は原形になる

I can play tennis.（私はテニスができます）

They can play tennis.（彼ら[彼女たち]はテニスができます）

> 助動詞は動詞の意味を補う働きをする。

### □ I cannot[can't] 〜.「私は〜することができません」

否定文は〈cannot[can't]＋動詞の原形〉の形で表す。

I cannot[can't] cook.（私は料理をすることができません）

> 短縮形
> cannot → can't

## ② Can you 〜?

### □ Can you 〜?「あなたは〜することができますか」

疑問文は，can を主語の前に出して〈Can＋主語＋動詞の原形〜?〉の形で表す。

Can she play the piano?（彼女はピアノを弾くことができますか）

### □ 疑問詞がある疑問文の場合→疑問詞で文を始める

What can you see?（あなたは何が見えますか）

### □ Can you 〜?「〜してくれますか」→〔依頼〕の意味を表す

Can you help me?（私を手伝ってくれますか）

> Can I 〜?「〜してもいいですか」
> 〈許可〉を求めるいい方

## ③ Can 〜? の答え方

### □ Can 〜? の答え方

Can 〜? には Yes, 〜 can. か No, 〜 cannot[can't]. と答える。疑問詞のある疑問文は Yes / No では答えない。

Can you read this book?（あなたはこの本が読めますか）

— Yes, I can.（はい，読めます）/ No, I cannot[can't].（いいえ，読めません）

What can you play?（あなたは何を演奏できますか）

— I can play the piano.（私はピアノが弾けます）

116

### ポイント 一問一答

## ① I can 〜. / I cannot[can't] 〜.

次の英文の（　　）内の正しいものを○で囲みなさい。

☐ (1) Ken ( can speak / can speaks ) English.

☐ (2) She ( can't play / can't plays ) soccer.

☐ (3) He ( can write / can writes ) stories.

☐ (4) They ( can't go / can't goes ) to school today.

## ② Can you 〜?

次の英文の（　　）内の正しいものを○で囲みなさい。

☐ (1) ( What / Can ) Tom ( write / writes ) Japanese?

☐ (2) ( Can / Are ) they sing that song?

☐ (3) ( Where / Do ) can we play tennis?

☐ (4) ( Can / Are ) you ( give / gives ) me a hand?

☐ (5) ( Who / Do ) can speak English?

## ③ Can 〜? の答え方

次の英文の（　　）内の正しいものを○で囲みなさい。

☐ (1) ( Can / Does ) Robby ( come / comes ) today?

　　— Yes, he ( can / can't ).

☐ (2) ( Can / Does ) she read this letter?

　　— No, she ( can / can't ).

☐ (3) ( What can / Do ) you see?

　　— I ( can / can't ) see a rabbit.

---

答

① (1) can speak　(2) can't play　(3) can write　(4) can't go

② (1) Can, write　(2) Can　(3) Where　(4) Can, give　(5) Who

③ (1) Can, come, can　(2) Can, can't　(3) What can, can

**1** 〈can＋動詞の原形〉
次の日本文の意味を表す正しい英文を選び，記号を○で囲みなさい。

(1) 私はケーキをつくることができます。

ア　I make can cakes.

イ　I can the cake.

ウ　I can make cakes.

(2) 私の父はフランス語を話すことができます。

ア　My father can speaks French.

イ　My father can speak French.

ウ　My father cans speak French.

(3) アリスとナンシーはとてもじょうずに日本語が書けます。

ア　Alice and Nancy can write Japanese very well.

イ　Alice and Nancy write Japanese very well can.

ウ　Alice and Nancy can writes Japanese very well.

**2** 〈can の疑問文〉 重要
次の日本文の意味を表すように，（　　）内の語を並べかえなさい。

(1) あなたは速く走れますか。( run / you / can / fast )?

_____

(2) あなたの弟は自転車に乗ることができますか。

( brother / can / your / ride ) a bike?

_____ a bike?

(3) あなたはこのコンピューターを使えますか。

( use / you / this / can / computer )?

_____

(4) だれがじょうずに泳げますか。( swim / can / who ) well?

_____ well?

(5) あなたは机の上に何が見えますか。( you / see / can / what ) on the desk?

_____ on the desk?

(6) どちらを持っていってよいですか。( take / which / one / can / I )?

_____

**3** 〈can の否定文〉

次の＿＿に適当な1語を入れて，もとの文を否定文にかえなさい。

(1) Mr. Brown can play the guitar well.

　　Mr. Brown ＿＿＿＿＿＿＿ ＿＿＿＿＿＿＿ the guitar well.

(2) We can see Lake Biwa from here.

　　We ＿＿＿＿＿＿＿ ＿＿＿＿＿＿＿ Lake Biwa from here.

(3) My mother can drive a car.

　　My mother ＿＿＿＿＿＿＿ ＿＿＿＿＿＿＿ a car.

**4** 〈can の疑問文に対する答え方〉

次の問いに対する答えを下のア〜エから選び，記号で答えなさい。

(1) Can he ski well?　　　　　　　　　　　　　　　( 　 )

(2) Can she eat carrots?　　　　　　　　　　　　　( 　 )

(3) Can I use your desk?　　　　　　　　　　　　　( 　 )

(4) Can they play with us?　　　　　　　　　　　　( 　 )

　　ア　Go ahead.　　イ　No, she can't. She can't eat tomatoes, either.

　　ウ　Yes, he can. He can skate, too.　　エ　Yes, they can.

**5** 〈[疑問詞＋名詞] で始まる can の疑問文〉 ●重要

次の英文を日本語になおしなさい。

(1) What sport can you play?　— I can play basketball.

　　(　　　　　　　　　　　　　　　　　　　　　　　　　　　)

(2) Which book can Bob read?　— He can read this one.

　　(　　　　　　　　　　　　　　　　　　　　　　　　　　　)

(3) Whose dictionary can I borrow?　— You can borrow Tom's.

　　(　　　　　　　　　　　　　　　　　　　　　　　　　　　)

💡ヒント

① can のあとの動詞はいつも原形。

② can を使った疑問文は，can を文のはじめに置く。(4)(5)(6) 疑問詞がある場合は〈疑問詞＋can〜?〉の語順。

　▶ ride[ráid ライド] 〜に乗る，乗っていく

③ can の否定形は cannot または can't を使う。

　▶ lake[léik レイク] 湖

④ Go ahead.「どうぞ」は許可を表す。

　▶ ski[skíː スキー] スキーをする　carrot[kǽrət キャロトゥ] ニンジン

　　tomato[təméi[áː]tou トメイ[マー]トゥ] トマト

　　either[íːðər イーザァ]（前の否定を受けて）〜もまた…ない　skate[skéit スケイトゥ] スケートをする

⑤ (2) this one＝this book one は，「（前に出てきた名詞のくり返しを避けて）もの」。

# 標 準 問 題

▶答え　別冊 p.33

**1** 🔴重要
次の文を（　　）内の指示にしたがって書きかえなさい。

(1) Ron speaks Japanese and French.（「～できる」という文に）

_____

(2) My sister can help us.（否定文に）

_____

(3) Tom can use this computer.（疑問文に）

_____

(4) Jane can play the guitar.（下線部をたずねる疑問文に）

_____


**2** 次の絵を見て，下の問いに英語で答えなさい。

(1) Can Mary sing?

_____

(2) Can Ken skate very well?

_____

(3) What sport can Yoko play?

_____

(4) Who can run fast?

_____


**3** 差がつく
各組の 2 文がほぼ同じ内容を表すように，____ に適当な 1 語を入れなさい。

(1) Ken is a good soccer player.

Ken _____ _____ soccer very well.

(2) Mr. Smith is a fast runner.

Mr. Smith _____ _____ fast.

**4** ⚠ ミス注意

次の日本文の意味を表すように，（　　）内の語を並べかえなさい。ただし1語不足しているので，その語を加えて全文を書きなさい。

(1) トムとボブはとてもじょうずに野球ができます。

( play / well / Tom and Bob / baseball / very ).

_____

(2) あなたはアメリカの雑誌を読むことができますか。

( American / you / read / magazines )?

_____

(3) 私たちにパイをつくってくれませんか。

( you / a / us / make / pie / for )?

_____

(4) だれがバイオリンを弾けますか。

( the / can / violin / play )?

_____

**5** 次の英文の____に適当な1語を入れて，会話文を完成しなさい。

(1) A : _____ you and your brother stay here today?

B : Yes, _____ can.

(2) A : _____ can we see the bird?

B : We _____ _____ it in Australia.

(3) A : Can Mary write Japanese well?

B : No, _____ _____ .

**6** 🔑重要

次の与えられた語を使って，日本文を英語になおしなさい。

(1) あなたはこの箱を開けられますか。( open, box )

_____

(2) 私の宿題を手伝ってくれますか。( me, homework, with )

_____

(3) ケイコは私たちといっしょに行けません。( go, us )

_____

(4) だれがこの英語の歌を歌えますか。( who, song )

_____

# 16 いろいろな文

## ① There is[are] 〜.

☐ **There is[are] 〜.「〜があります[います]」**

〈There is[are] 〜 (+場所を表す語句).〉で「(…に)〜があります[います]」という意味を表す。「〜」に入る語句(ものや人)が単数なら is, 複数なら are を使う。

| 単数 | There is a cat under the table. (テーブルの下にネコが(1匹)います) |

| 複数 | There are some girls in the room. (何人かの女の子が部屋にいます) |
└─many (たくさんの)や数を表す語がくることが多い。

注意：my や the などがついて特定の物や人について「〜があります[います]」というときには There is[are] 〜. は使わない。

~~There is my mother in the kitchen.~~

→ My mother is in the kitchen. (私の母は台所にいます)
└─〈be 動詞＋場所〉で「〜にいます」を表す。

## ② There is[are] not 〜. / Is[Are] there 〜?

☐ **There is[are] 〜. の否定文**

There is[are] のあとに not をつけて There is not[isn't] 〜.,
There are not[aren't] 〜. で表す。

There is not[isn't] a book in my bag. (私のかばんの中に本はありません)

☐ **There is[are] 〜. の疑問文と答えの文**

Is[are] を there の前に出して Is[Are] there 〜? の形で表す。問いに答えるときは there is[are] を使う。

| 疑問文 | Are there any people in the library? (図書館に何人かの人がいますか) |

| 答え方 | Yes, there are. (はい, います) |
| | No, there are not[aren't]. (いいえ, いません) |

## ③ look＋形容詞

☐ **〈look＋形容詞〉「〜に見える」**

look は形容詞(様子を表す語)があとにつづくと「見る」ではなく「見える」の意味になる。

Your mother looks young. (あなたのお母さんは若く見えます)

テストでは ココが ねらわれる ● There is[are] につづく語句が単数か複数かで is, are を使い分ける。
● Is[Are] there 〜? には there is[are] を使って答える。
● 「〜に見える」は〈look＋形容詞〉で表す。

## ポイント 一問一答

## ① There is[are] 〜.

次の英文の(　　)内の正しいものを○で囲みなさい。

☐ (1) There ( is / are ) an apple.

☐ (2) There ( is / are ) five pens on the desk.

☐ (3) There ( is / are ) many boys in the park.

☐ (4) There is ( some / a ) big tree near my house.

## ② There is[are] not 〜. / Is[Are] there 〜?

次の英文の(　　)内の正しいものを○で囲みなさい。

☐ (1) There ( is / are ) not any balls in the box.

☐ (2) There ( isn't / aren't ) a river near my school.

☐ (3) ( Is / Are ) there a desk by the window?

☐ (4) Are there ( some / any ) pictures on the wall?

☐ (5) Is there a dog under the tree?

　　 — Yes, ( it / there ) is.

☐ (6) Are there many students in the park?

　　 — No, there ( isn't / aren't ).

## ③ look＋形容詞

次の英文の(　　)内の正しいものを○で囲みなさい。

☐ (1) あなたはうれしそうに見えますね。

　　 You ( look / see ) happy.

☐ (2) そのイヌは強そうですね。

　　 The dog ( looks / sees ) strong.

☐ (3) 彼は今日疲れているように見えます。

　　 He ( looks / look ) tired today.

答 ① (1) is  (2) are  (3) are  (4) a
② (1) are  (2) isn't  (3) Is  (4) any  (5) there  (6) aren't
③ (1) look  (2) looks  (3) looks

**1** 〈There is [are] 〜. ①〉
次の英文の（　　）内の正しいほうを〇で囲みなさい。

(1) There ( is / are ) two dogs by the door.

(2) There ( is / are ) a tall boy over there.

(3) There are ( many / a ) teachers in our school.

(4) There are not ( some / any ) pens on the desk.

(5) There is ( many / much ) water in it.

(6) There are ( a lot of / an ) oranges in the box.

**2** 〈対話文の完成〉
次の日本文にあう対話文になるように＿＿に適当な1語を入れなさい。

(1) あなたのかばんにはノートが数冊入っていますか。—はい，入っています。

_____ there any notebooks in your bag?

— Yes, there _____.

(2) そのいすのそばにギターがありますか。—いいえ，ありません。

_____ there _____ guitar by the chair?

— No, there _____.

(3) 公園の近くに本屋がありますか。—はい，あります。

Is _____ a bookstore near the park?

Yes, _____ _____.

(4) 駅にはレストランがありますか。—いいえ，1つもありません。

Are there _____ restaurants at the station?

— No, there _____.

**3** 〈There is [are] 〜. ②〉
次の英文を日本語になおしなさい。

(1) There is a good restaurant near here.

この近くに（　　　　　　　　　　　　　　　　　　　　　）

(2) There are not any students in this room.

（　　　　　　　　　　　　　　　　　　　　　　　　　　　）

**4** 〈look＋形容詞〉
次の日本文の意味を表すように____に適当な1語を入れなさい。

(1) あなたは今日とても楽しそうです。

You _____ very happy today.

(2) 彼はあまり疲れているようには見えません。

He _____ look _____ very much.

(3) あなたのイヌは年を取っているみたいですね。

Your dog _____ _____ .

**5** 〈英文の語順〉 🔴重要
次の日本文の意味を表すように，（　　）内の語を並べかえなさい。

(1) テーブルの上にカップが6個あります。

( on / six / the / cups / there / table / are ).

_____

(2) 公園には木が1本もありません。

( there / any / in / park / aren't / trees / the ).

_____

(3) あの女の子はとても親切そうに見えます。

( kind / that / looks / very / girl ).

_____

**6** 〈英作文〉
次の日本文を，（　　）内の語を使って英語になおしなさい。

(1) ネコが1匹いすの下にいます。( under )

_____

(2) 箱の中には卵が1つもありません。( no )

_____

💡ヒント

1 (4) 否定文では some ではなく any を使う。(5) water は数えられない名詞なので「たくさんの」は
much で表す。
➡ water[wɔ́ːtər ウォータァ]「水」

2 There is[are] 〜. の疑問文は is, are を there の前に出す。答えの文は there is[are] を使って答える。

3 (2) not any 〜は「1つ〔1人〕も〜ない」の意味になる。

4 (3) 「〜みたい」＝「〜に見える」と考える。

5 (2) 「1つもない」は not any 〜。aren't は are not の短縮形。

6 (2) no は「1つ〔1人〕も〜ない」の意味で使う。

**1** 次の日本文にあう英文になるように____に適当な1語を入れなさい。

⑴ 私たちの学校の近くに古い図書館があります。

_____ _____ an old library near our school.

⑵ 教室には30人の生徒がいます。

_____ _____ thirty students in the classroom.

⑶ ここには何か動物がいますか。

_____ there _____ animals here?

⑷ どちらの自転車が新しそうに見えますか。

Which bike _____ _____ ?

⑸ あなたのかばんには何冊の本が入っていますか。

How many books _____ _____ in your bag?

**2** 次の文を（　　）内の指示にしたがって書きかえなさい。

⑴ There is a child in this room. （下線部を three に変えて）

_____

⑵ There is a cap on the bed. （疑問文に）

_____

⑶ There are some clouds in the sky. （否定文に）

_____

⑷ There are five boys over there. （下線部をたずねる疑問文に）

_____

**3** 各組の2文がほぼ同じ内容を表すように，____に適当な1語を入れなさい。

⑴ This city has a big museum.

_____ is a big museum _____ this city.

⑵ There aren't any windows in the house.

There are _____ windows in the house.

**4** ⚠ ミス注意

次の疑問文の答えとして適当なものを，下のア～カから選んで，記号で答えなさい。

(1) Is there a hospital near here?  (　　)

(2) Are there any boys in the school yard?  (　　)

(3) How many CDs are there in your room?  (　　)

(4) Where are those boys?  (　　)

(5) Does Ken look sleepy?  (　　)

|  |  |  |  |
|---|---|---|---|
| ア | They are in the park. | イ | Yes, there is. |
| ウ | There are about twenty. | エ | Yes, he does. |
| オ | No, they aren't. | カ | No, there aren't. |

**5** 🔑重要

次の日本文の意味を表すように，(　　)内の語を並べかえなさい。

(1) 図書館には何人の人がいますか。

( people / library / there / many / the / are / how / in )?

_____

(2) 机の上には何かありますか。

( there / anything / on / is / desk / the )?

_____

(3) このケーキはとてもおいしそうです。

( delicious / this / looks / very / cake ).

_____

**6** 次の絵を見て，あとの問いに答えなさい。

(1) Is there a computer on the desk?

_____

(2) How many bags are there?

_____

(3) Where is the cat?

_____

# 17 現在進行形

## ① 現在進行形

□ **be 動詞＋動詞の -ing 形「〜しているところです」**

〈主語＋be 動詞＋動詞の -ing 形〜.〉の形を現在進行形といい，「（今）〜している（ところだ）」の意味を表す。be 動詞は，主語によって is，am，are を使い分ける。

| 現在形 | He watches TV. （彼はテレビを見ます） |
| 現在進行形 | He is watching TV. （彼はテレビを見ているところです） |
| | They are playing soccer. （彼らはサッカーをしているところです） |

□ **動詞の -ing 形のつくり方**

① 動詞の語尾が e で終わる場合：e をとって -ing をつける

come （来る）→ coming， make （つくる）→ making

②〈短母音＋子音字〉で終わる場合：子音字を重ねて -ing をつける

run （走る）→ running， sit （すわる）→ sitting

③ 上記①②以外はそのまま -ing をつける

play （遊ぶ）→ playing， read （読む）→ reading

## ② I am not -ing. / Are you -ing?

□ **現在進行形の否定文**

be 動詞のあとに not をつけて〈is[am, are] not＋動詞の -ing 形〉の形で表す。

□ **現在進行形の疑問文**

be 動詞を主語の前に出して〈Is[Am, Are] ＋主語＋動詞の -ing 形〜?〉の形で表す。

| 肯定文 | She is cooking. （彼女は料理をしています） |
| 否定文 | She is not cooking. （彼女は料理をしていません） |
| | be 動詞のあとに not を入れる |
| 疑問文 | Is she cooking? （彼女は料理をしていますか） |
| | be 動詞を主語の前に出す |

## ③ What is＋主語＋-ing?

□ **疑問詞＋現在進行形の疑問文**

what， who などの疑問詞は，文の最初に置かれる。

What are you doing? （あなたは何をしているところですか）

Who is playing the piano? （だれがピアノを弾いているのですか）

●「～している（ところだ）」という現在進行中の動作は，進行形〈be 動詞＋動詞の -ing 形〉
で表す。疑問文・否定文のつくり方は，ふつうの be 動詞の文と同じ。
●動詞の -ing 形のつくり方の 3 つのパターンは必ずおさえておく。

**ポイント 一問一答**

## ① 現在進行形

次の英文の（　）内の正しいものを○で囲みなさい。

☐ (1) He is ( plays / playing ) baseball.

☐ (2) They are ( make / making / makeing ) a pie.

☐ (3) I am ( eat / eating ) breakfast.

☐ (4) John is ( cut / cuting / cutting ) paper.

☐ (5) We are ( talk / talking ) about school.

## ② I am not -ing. / Are you -ing?

次の英文の（　）内の正しいものを○で囲みなさい。

☐ (1) ( Is / Am / Are ) they ( swim / swimming ) in the sea?
　　 — Yes, they are.

☐ (2) I am not ( go / going ) to the pool.

☐ (3) They aren't ( come / coming ) with us.

☐ (4) ( Is / Am / Are ) she ( write / writeing / writing ) a letter?
　　 — No, she isn't.

## ③ What is＋主語＋-ing?

次の英文の（　）内の正しいものを○で囲みなさい。

☐ (1) ( What is / Is ) he ( does what / doing )?
　　 — He is making a chair.

☐ (2) ( When / Where ) are you ( go / going )?
　　 — To the bookstore.

☐ (3) ( Where / Who ) is ( sing / singing )?
　　 — Kevin ( does / is ).

---

答 ① (1) playing　(2) making　(3) eating　(4) cutting　(5) talking
② (1) Are, swimming　(2) going　(3) coming　(4) Is, writing
③ (1) What is, doing　(2) Where, going　(3) Who, singing, is

**1** 〈現在形と現在進行形〉
次の日本文にあう英文になるように，＿＿に適当な１語を入れなさい。

(1) 彼女は毎日，本を読みます。

She ＿＿＿＿＿＿ a book every day.

(2) 彼女は今，本を読んでいます。

She ＿＿＿＿＿＿ ＿＿＿＿＿＿ a book now.

(3) 彼女は毎日は本を読みません。

She ＿＿＿＿＿＿ ＿＿＿＿＿＿ a book every day.

(4) 彼女は今，本を読んでいません。

She ＿＿＿＿＿＿ ＿＿＿＿＿＿ a book now.

**2** 〈動詞 -ing 形のつくり方〉 ⚠ ミス注意
次の動詞を -ing 形にしなさい。

(1) write ＿＿＿＿＿＿ (2) sing ＿＿＿＿＿＿

(3) run ＿＿＿＿＿＿ (4) study ＿＿＿＿＿＿

(5) lie ＿＿＿＿＿＿ (6) visit ＿＿＿＿＿＿

**3** 〈現在進行形〉
次の文の＿＿に，**is**，**am**，**are** のうちの適する語を入れなさい。

(1) They ＿＿＿＿＿＿ playing video games.

(2) We ＿＿＿＿＿＿ listening to the radio.

(3) John ＿＿＿＿＿＿ reading a newspaper.

(4) Ken and Yuka ＿＿＿＿＿＿ watching TV.

**4** 〈現在進行形〉
次の文の＿＿に，（　）内の動詞を適当な形にして入れなさい。

(1) My sister is ＿＿＿＿＿＿ the piano. ( play )

(2) I am ＿＿＿＿＿＿ the car. ( wash )

(3) They are ＿＿＿＿＿＿ a bath. ( take )

(4) He is ＿＿＿＿＿＿ his homework. ( do )

**5** 〈現在進行形の疑問文と否定文〉 **重要**

次の文を (　　) 内の指示にしたがって書きかえなさい。

(1) Jane is studying Japanese. (疑問文に)

_____

(2) Nancy and Lucy are buying flowers. (疑問文に)

_____

(3) I am writing a letter now. (否定文に)

_____

(4) They are eating cakes now. (否定文に)

_____

(5) Is Mike washing his shoes? (No で答える)

_____


**6** 〈現在進行形〉

次の英文を日本語になおしなさい。

(1) You are having lunch.

(　　　　　　　　　　　　　　　　　　　　　　　　　　　　)

(2) Are they washing your father's car?

(　　　　　　　　　　　　　　　　　　　　　　　　　　　　)

(3) Taro is not studying science.

(　　　　　　　　　　　　　　　　　　　　　　　　　　　　)


**7** 〈疑問詞の種類〉

次の対話文の下線部の語句に注意して, ＿＿ に適当な疑問詞を入れなさい。

(1) _____ is running fast?　— Mary is.

(2) _____ are they swimming?　— They are swimming in the lake.

(3) _____ is Jane making?　— She is making a cake.


💡ヒント

5 (4) be 動詞は否定の短縮形を使う。

2 語尾が e で終わる場合や〈短母音＋子音字〉で終わる語の -ing 形に注意。
➡ lie [lái ライ] 横になる　visit [vízit ヴィズィト] (人)を訪問する

3 主語が複数のときは are を使う。
➡ newspaper [n(j)úːzpeipər ヌ[ニュ]ーズペイパァ] 新聞

5 現在進行形の疑問文・否定文のつくり方は, ふつうの be 動詞の文の場合と同じ。
➡ shoe [ʃúː シュー] 靴 (両足にはくので, 通常複数形で用いる)

**1** 次の日本文の意味を表すように，（　　）内の語を並べかえなさい。

(1) 彼のお父さんが車を運転しているのですか。

( car / the / driving / father / is / his )?

_____

(2) トムの姉は今ジョンと走っています。

( John / running / Tom's / now / is / sister / with ).

_____

(3) 彼らは台所で料理をしていません。

( not / they / kitchen / the / in / cooking / are ).

_____

(4) だれが川で釣りをしていますか。

( is / river / the / fishing / who / in )?

_____

(5) 彼女は何の歌を歌っているのですか。

( song / singing / is / what / she )?

_____

(6) あなたはその本を読んでいるのですか。

( reading / are / book / you / that )?

_____

**2** 重要

次の文を，文の終わりに now を加えて現在進行形の文に書きかえなさい。

(1) Those girls dance.

_____

(2) We don't play baseball.

_____

(3) Does Mrs. Hill wash the dishes?

_____

(4) Do you wait for Ron?

_____

**3** ⚠️ミス注意
次の文を（　　）内の指示にしたがって書きかえなさい。

(1) Is he walking to the park?（下線部を they にかえて）

_____

(2) They are playing basketball in the school yard.（下線部を中心にたずねる文に）

_____

(3) What do you eat?（「今，何を食べていますか」とたずねる文に）

_____

(4) Osamu is studying math.（下線部を中心にたずねる文に）

_____


**4** 次の絵を見て，下の問いに英語で答えなさい。

(1) Is Tom painting a picture?

_____

(2) Is Nancy playing the guitar?

_____

(3) Are they watching a movie?

_____

(4) What are the three boys doing?

_____


**5** 🏠差がつく
次の日本文を英語になおしなさい。

(1) あなたはピアノを弾いていません。

_____

(2) だれがお風呂に入っていますか。

_____

(3) 彼らはどこで勉強していますか。

_____

(4) 私の父は今，福岡で働いています。

_____

# 実力アップ問題

◎制限時間 **40**分
◎合格点 **80**点
▶答え　別冊 p.37

点

**1** 次の問いに対する最も適当な答えを，下のア〜オから選び，記号で答えなさい。　〈1点×5〉

(1) Can Tom get up early?

(2) Are you watching the baseball game now?

(3) Are there any museums in your city?　　(4) Who can speak Chinese?

(5) Can you play soccer?

ア　Lucy can.　　　　イ　No, I can't.

ウ　Yes, he can.　　　エ　Yes, I am.

オ　Yes, there are.

| (1) | | (2) | | (3) | |
|-----|--|-----|--|-----|--|
| (4) | | (5) | | | |

**2** 次の文の（　　）内の語を正しい形にしなさい。　〈2点×4〉

(1) I am ( watch ) TV now.

(2) Hitomi is ( run ) now.

(3) There are two ( library ) in this city.

(4) Are your brothers ( skate )?

| (1) | | (2) | | (3) | |
|-----|--|-----|--|-----|--|
| (4) | | | | | |

**3** 次の＿＿に適当な1語を入れて，対話文を完成しなさい。　〈3点×4〉

(1) ＿＿＿＿＿＿ are you doing? — I'm going to Tom's house.

(2) ＿＿＿＿＿＿ you make a pizza? — Yes, I can.

(3) ＿＿＿＿＿＿ there a book on your desk? — Yes, there is.

(4) What subject ＿＿＿＿＿＿ she studying? — She is studying English.

| (1) | | (2) | | (3) | |
|-----|--|-----|--|-----|--|
| (4) | | | | | |

**4** 次の(1)～(5)の問いに対する答えを，下のア～オから１つずつ選び，記号で答えなさい。

〈1点×5〉

(1) Who is running fast?

(2) How many students are there in this school?

(3) What are you doing?

(4) Who can speak French well?

(5) Where are they playing soccer?

ア　I'm playing the piano.　　イ　Mary is.

ウ　In the park.　　エ　Three hundred students.

オ　Bob can.

| (1) | | (2) | | (3) | |
|---|---|---|---|---|---|
| (4) | | (5) | | | |

**5** 次の日本文の意味を表すように，（　　）内の語を並べかえなさい。ただし，１語不足しているので，その語を加えて全文を書きなさい。

〈4点×5〉

(1) あなたは今何を洗っているのですか。

( now / what / washing / you )?

(2) あなたは日本語を話すことができますか。

( speak / Japanese / you )?

(3) 教室には生徒がだれもいません。

( are / classroom / students / no / the / in ).

(4) 彼はギターがうまく弾けません。

( guitar / play / he / well / the ).

(5) あなたのおばあさんはとても幸せそうに見えます。

( grandmother / happy / your / very ).

| (1) | |
|---|---|
| (2) | |
| (3) | |
| (4) | |
| (5) | |

**6** 次のマンガの(1)～(4)にあてはまるセリフを下のア～エから選び，記号で答えなさい。　〈2点×4〉

ア　What are you doing?

イ　How many cats are there in your house?

ウ　There are three.

エ　I'm doing my homework.

| (1) | | (2) | |
|---|---|---|---|
| (3) | | (4) | |

**7** 次の文を（　　）内の指示にしたがって書きかえなさい。　〈3点×8〉

(1) Are you playing the guitar? (Yes で答える)

(2) She meets my cousin. (下線部を -ing 形にかえる)

(3) Emma can speak Japanese well. (否定文に)

(4) Masao can get up at six. (下線部を中心にたずねる疑問文に)

(5) You are talking with your grandmother now. (疑問文に)

(6) I am growing some flowers in my garden. (下線部を中心にたずねる疑問文に)

(7) It is very cold this morning. (how を使った疑問文に)

(8) Your brother plays the piano very well. (「～できますか」という意味の文に)

| (1) | |
|---|---|
| (2) | |
| (3) | |
| (4) | |
| (5) | |
| (6) | |
| (7) | |
| (8) | |

**8** 次の英文を読んで，あとの問いに答えなさい。 《(1)・(4)3点×2，(2)・(3)2点×2，(5)4点，(6)1点×4》

Today is Saturday.  Lisa and her mother *practice music every weekend.  ① They are learning some old songs.  Lisa is singing.  Her mother ② ( sit ) at the piano.  She is playing for Lisa.  Vincent is listening.  The songs are very beautiful.  ③ Lisa sings them very well.  The music is good.  Bob is *taping the music for them.  He has ④ a new recorder.  ⑤ It works very well.  Mr. Wilson is working very hard.  He is writing a new song for his students.

*practice 練習する    tape 録音する

(1) 下線部①を日本語になおしなさい。

(2) ②の（　　）内の動詞を現在進行形の形にかえなさい。

(3) 下線部③の文を，can を使った文に書きかえなさい。

(4) 下線部④を中心にたずねる疑問文にしなさい。

(5) 下線部⑤の It は何を指しているか，英語で答えなさい。

(6) 次のア～エが本文の内容と合っていれば○，ちがっていれば×を書きなさい。

　　ア　Lisa and her mother don't practice music on Saturday.

　　イ　Lisa and her mother sing the songs.

　　ウ　Vincent and Bob aren't singing.

　　エ　Mr. Wilson is writing a story for his students.

| (1) | |
|---|---|
| (2) | |
| (3) | |
| (4) | |
| (5) | |
| (6) ア　　　　　イ　　　　　ウ　　　　　エ | |

# 18 一般動詞の過去形

## 重要ポイント

## ① 過去の文 / 一般動詞の過去形

### ☐ 過去の文

「〜した」と過去のことを表すには，一般動詞の過去形を使う。過去形は主語によって動詞の形が変わらない。

> 現在形　He plays　soccer.（彼はサッカーをします）
>
> 過去形　He played soccer yesterday.（彼は昨日サッカーをしました）
>
> 過去形は原形の終わりに -ed

### ☐ 一般動詞の過去形

原形に -ed をつける規則動詞と，不規則に変化する不規則動詞がある。

規則動詞

①ふつうはそのまま -ed をつける：play → played, cook → cooked

② e で終わる語は d だけつける：like → liked, live → lived

③〈子音字＋y〉で終わる語は y を i にかえて -ed をつける：study → studied

④〈短母音＋子音字〉で終わる語は，子音字を重ねて -ed をつける：stop → stopped

不規則動詞

go → went, see → saw, make → made, get → got, write → wrote, read → read

レッド

### ☐ 過去を表す語句

yesterday「昨日」や last 〜「この前の〜」，〜 ago「〜前」などを伴うことが多い。

## ② 過去の否定文

### ☐ 過去の否定文：〈did not[didn't]＋動詞の原形〉「〜しませんでした」

I did not[didn't] cook yesterday.（私は昨日料理をしませんでした）

He did not[didn't] play soccer last Sunday.（彼はこの前の日曜日サッカーをしま

does not も do not も過去形は同じ did not。

せんでした）

## ③ 過去の疑問文と答え方

### ☐ 過去の疑問文：〈Did＋主語＋動詞の原形〜?〉「〜しましたか」

問いに答えるときには did を使う。

Did he study yesterday?（彼は昨日勉強しましたか）

— Yes, he did.（はい，しました）/ No, he didn't.（いいえ，しませんでした）

● 「～した」のように過去のことをいうときは，一般動詞の過去形を使う。
● 否定文は〈did not［didn't］＋動詞の原形〉，疑問文は〈Did＋主語＋動詞の原形～？〉で表す。
● 過去の文は，yesterday や last ～など過去を表す語句が一緒に使われることが多い。

## ポイント 一問一答

## ① 過去の文 / 一般動詞の過去形

次の英文の（　　）内の正しいものを○で囲みなさい。

☐ (1) I ( visit / visited ) my uncle yesterday.

☐ (2) He ( ask / asked ) me a question yesterday.

☐ (3) They ( live / lived ) in Alaska last year.

☐ (4) Linda ( studies / studied ) with Ken last week.

☐ (5) My father ( cooks / cooked ) dinner for us last night.

☐ (6) I ( go / went ) to the park yesterday.

☐ (7) I ( make / made ) some cookies with my mother last weekend.

☐ (8) I ( see / saw ) my sister a few minutes ago.

## ② 過去の否定文

次の英文の（　　）内の正しいものを○で囲みなさい。

☐ (1) He didn't ( study / studied ) last night.

☐ (2) Beth didn't ( like / liked ) cheese.

☐ (3) They didn't ( see / saw ) Tom yesterday.

## ③ 過去の疑問文と答え方

次の英文の（　　）内の正しいものを○で囲みなさい。

☐ (1) ( Did / Do ) the students practice tennis last Sunday?

☐ (2) Did your father ( go / went ) to Hokkaido?

☐ (3) Did you see him yesterday? — Yes, I ( do / did ).

☐ (4) ( Did / Does ) Yumi clean the room yesterday? — Yes, she did.

☐ (5) Did he ( get / got ) up early this morning?

☐ (6) Did Ken write a letter for his friend yesterday? — No, he ( doesn't / didn't ).

---

答　① (1) visited　(2) asked　(3) lived　(4) studied　(5) cooked　(6) went
　　　(7) made　(8) saw
② (1) study　(2) like　(3) see
③ (1) Did　(2) go　(3) did　(4) Did　(5) get　(6) didn't

# 基礎問題

▶答え　別冊p.39

**1** 〈一般動詞の過去の文〉

次の文の（　　）内から適当な語を選び，○で囲みなさい。

(1) I ( walk / walks / walked / walking ) to Ken's house last week.

(2) ( Does / Did / Are ) you ( live / lived / living ) in Nara then?

(3) She ( isn't / doesn't / didn't ) visit Chicago last year.

(4) Who wrote this letter?　— My sister ( does / writes / did ).

**2** 〈過去形のつくり方〉 ⚠ ミス注意

次の動詞を過去形にしなさい。

(1) cook ＿＿＿＿＿＿　　(2) stay ＿＿＿＿＿＿

(3) use ＿＿＿＿＿＿　　(4) study ＿＿＿＿＿＿

(5) stop ＿＿＿＿＿＿　　(6) go ＿＿＿＿＿＿

**3** 〈-ed の発音〉

次の語の下線部の発音を，下のア～ウから選び，記号で答えなさい。

(1) opened （　　）　　(2) needed （　　）

(3) looked （　　）　　(4) started （　　）

(5) washed （　　）

　　ア [d]　　イ [t]　　ウ [id]

**4** 〈過去の文の意味〉

次の英文を日本語になおしなさい。

(1) Tom washed his car last week.

（　　　　　　　　　　　　　　　　　　　　　　　　　　）

(2) They played tennis last Sunday.

（　　　　　　　　　　　　　　　　　　　　　　　　　　）

(3) I saw him at the station then.

（　　　　　　　　　　　　　　　　　　　　　　　　　　）

(4) Did he go to Kyoto last week?

（　　　　　　　　　　　　　　　　　　　　　　　　　　）

**5** 〈過去の疑問文・否定文〉 🔴重要

次の文を（　　）内の指示にしたがって書きかえるとき，____ に適当な 1 語を入れなさい。

(1) She wanted a new car. （疑問文に）

_____ she _____ a new car?

(2) You played tennis yesterday. （否定文に）

You _____ _____ tennis yesterday.

(3) We went to school at 8:00. （下線部を中心にたずねる文に）

_____ time _____ you _____ to school?

(4) Yumi cooked dinner yesterday. （下線部を中心にたずねる文に）

_____ _____ dinner yesterday?

**6** 〈過去の疑問文と答え方〉

次の問いの答えを（　　）内の指示にしたがって書きなさい。

(1) Did she clean the room? （No で答える）

_____

(2) Did you play the violin? （Yes で答える）

_____

**7** 〈過去の英作文〉

次の日本文を，（　　）内の語を適当な形にかえて英語になおしなさい。

(1) 私は先週，あなたの家に行きました。( go )

_____

(2) 昨日ケンと私は図書館で勉強しました。( study )

_____

---

ヒント

1 last week など「時」を表す語句に注意。(2) then「そのとき」

▶ last[lǽ[ɑ́ː]st ラ[ラー]ストゥ] この前の，最後の　wrote[róut ロゥトゥ] write（～を書く）の過去形

2 e で終わる語や，〈子音字＋y〉，〈短母音＋子音字〉で終わる語に注意。

3 -ed の発音のルールをしっかり覚えよう。

4 一般動詞の過去形は「～しました」，疑問文は「～しましたか」の意味。

5 Did ～? の文や didn't のあとは動詞の原形を使う。(4) who が主語の文になる。

▶ yesterday[jéstərdi[dei] イェスタディ[デイ]] 昨日

6 Did ～? には，did を使って答える。

7 すべて過去のことをいっている。(2)「図書館で」は at[in] the library.

**1** 次の動詞を過去形にして ＿＿＿ に書き，その意味を（　　）内に書きなさい。

(1) see ＿＿＿＿＿＿（　　　　　　　　）

(2) come ＿＿＿＿＿＿（　　　　　　　　）

(3) get ＿＿＿＿＿＿（　　　　　　　　）

(4) give ＿＿＿＿＿＿（　　　　　　　　）

(5) cut ＿＿＿＿＿＿（　　　　　　　　）

(6) write ＿＿＿＿＿＿（　　　　　　　　）

**2** 🏠がつく

次の日本文の意味を表すように，（　　）内の語を並べかえなさい。なお，下線部の語は，必要がある場合は適当な形になおしなさい。

(1) アンは先週リンゴを食べました。

( week / eat / an / Ann / apple / last ).

＿＿＿＿＿＿＿＿＿＿＿＿＿＿＿＿＿＿＿＿＿＿＿＿＿＿＿

(2) 彼女は何も買いませんでした。

( anything / not / she / did / buy ).

＿＿＿＿＿＿＿＿＿＿＿＿＿＿＿＿＿＿＿＿＿＿＿＿＿＿＿

(3) ナンシーはとても美しい人形を持っていましたか。

( doll / a / have / did / beautiful / Nancy / very )?

＿＿＿＿＿＿＿＿＿＿＿＿＿＿＿＿＿＿＿＿＿＿＿＿＿＿＿

**3** 次の日本文の意味を表すように，＿＿＿ に適当な1語を入れなさい。

(1) 私は昨日，本をなくしました。

I ＿＿＿＿＿＿ a book ＿＿＿＿＿＿ .

(2) 私たちは犬小屋をつくりませんでした。私たちはいすをつくりました。

We ＿＿＿＿＿＿ make a dog house.  We ＿＿＿＿＿＿ a chair.

(3) 彼女はこの前の日曜日あなたを訪ねましたか。

＿＿＿＿＿＿ she visit you ＿＿＿＿＿＿ Sunday?

**4** （重要）
次の(1)～(2)は否定文に，(3)～(5)は疑問文に書きかえなさい。

(1) You used this computer last night.

_____

(2) David left this comic book last week.

_____

(3) Bob lived in France last year.

_____

(4) Mr. Brown had a new DVD.

_____

(5) She knew about that news yesterday.

_____


**5** 次の____に適当な1語を入れて，問答文を完成しなさい。

(1) A : What _____ you _____ last night?
　　B : I read two comic books.

(2) A : _____ _____ you go yesterday?
　　B : We _____ to the park.

(3) A : _____ _____ you do last night?
　　B : I watched TV.


**6** 次の日本文を英語になおしなさい。

(1) 彼女は昨晩，音楽を聞きませんでした。

_____

(2) 彼は昨日野球をしましたか。

_____

(3) だれがあの新車を買いましたか。

_____

(4) 私は先週その映画を見ました。

_____

# 19 be 動詞の過去形・過去進行形

## 重要ポイント

### ① be 動詞の過去形

☐ **be 動詞の過去形**

is，am の過去形は was，are の過去形は were である。

| 現在形 | He is in the park now.（彼は今公園にいます） |
| 過去形 | He was in the park yesterday.（彼は昨日公園にいました） |

### ② be 動詞の過去形の否定文と疑問文

☐ **was[were] not ～ / Was[Were] ～ ？**

・be 動詞の過去形の否定文は〈主語＋was[were] not ～.〉で表す。

I was not free last week.（私は先週ひまではありませんでした）

・be 動詞の過去の疑問文は〈Was[Were]＋主語＋～?〉で表し，答え方は was，were を使う。

Were you in Tokyo last Sunday?（あなたはこの前の日曜日東京にいましたか）

— Yes, I was.（はい，いました）/ No, I was not[wasn't].（いいえ，いませんでした）

### ③ 過去進行形

☐ **was[were]＋動詞の -ing 形「～していました」**

過去進行形は〈主語＋be 動詞の過去形＋動詞の -ing 形～.〉で表す。

| 過 去 形 | He played tennis.（彼はテニスをしました） |
| 過去進行形 | He was playing tennis then.（彼はそのときテニスをしていました） |

### ④ 過去進行形の否定文と疑問文

☐ **was[were] not＋動詞の -ing 形 / Was[Were]＋主語＋動詞の -ing 形～？**

・過去進行形の否定文は〈主語＋was[were] not＋動詞の -ing 形〉で表す。

He was not[wasn't] playing tennis.（彼はテニスをしていませんでした）

・過去進行形の疑問文は〈Was[Were]＋主語＋動詞の -ing 形～?〉で表し，答え方は was，were を使う。

Were they playing tennis?（彼らはテニスをしていましたか）

— Yes, they were.（はい，していました）/ No, they were not[weren't].（いいえ，していませんでした）

ポイント **一問一答**

## ① be 動詞の過去形

次の英文の（　　）内の正しいものを○で囲みなさい。

☐ (1) They ( was / were ) at the library.

☐ (2) He ( was / were ) in bed.

☐ (3) I ( was / were ) with John.

## ② be 動詞の過去形の否定文と疑問文

次の英文の（　　）内の正しいものを○で囲みなさい。

☐ (1) We ( are / was / were ) not free last Saturday.

☐ (2) She ( isn't / wasn't / didn't ) at home yesterday.

☐ (3) ( Are / Were / Did ) you busy last week?  — Yes, I was.

## ③ 過去進行形

次の英文の（　　）内の正しいものを○で囲みなさい。

☐ (1) I ( am / was / were ) studying then.

☐ (2) The boys ( are / was / were ) enjoying soccer then.

☐ (3) My mother was ( makes / made / making ) a cake.

## ④ 過去進行形の否定文と疑問文

次の英文の（　　）内の正しいものを○で囲みなさい。

☐ (1) She ( isn't / wasn't / didn't ) reading a book then.

☐ (2) ( Was / Were / Did ) they cleaning their classroom?

☐ (3) Were you watching TV?  — No, I ( am / was / did ) not.

答
① (1) were  (2) was  (3) was
② (1) were  (2) wasn't  (3) Were
③ (1) was  (2) were  (3) making
④ (1) wasn't  (2) Were  (3) was

**1** 〈be 動詞の過去〉

次の日本文にあう文になるように＿＿に適当な 1 語を入れなさい。

(1) 私たちは先週北海道にいました。

We ＿＿＿＿＿＿ in Hokkaido last week.

(2) 彼はそのときとても疲れていました。

He ＿＿＿＿＿＿ very tired then.

(3) そのイヌは昨日庭にいませんでした。

The dog ＿＿＿＿＿＿ ＿＿＿＿＿＿ in the yard yesterday.

(4) 生徒たちは昨日の午後教室にいませんでした。

The students ＿＿＿＿＿＿ in the classroom yesterday afternoon.

**2** 〈過去進行形〉**重要**

次の文を過去進行形の文に書きなおすとき，＿＿に適当な 1 語を入れなさい。

(1) You went to the library.

You ＿＿＿＿＿＿ ＿＿＿＿＿＿ to the library.

(2) Mike used the computer.

Mike ＿＿＿＿＿＿ ＿＿＿＿＿＿ the computer.

(3) I didn't do my homework.

I ＿＿＿＿＿＿ not ＿＿＿＿＿＿ my homework.

(4) Did they take pictures?

＿＿＿＿＿＿ they ＿＿＿＿＿＿ pictures?

**3** 〈現在進行形・過去進行形・過去形〉

次の日本文の意味を表す正しい英文をア～オの中から選び，記号で答えなさい。

(1) 私の父はそのときイヌを散歩させていました。　　　　　　　　（　　　）

(2) 私の父は昨日イヌを散歩させました。　　　　　　　　　　　　（　　　）

(3) 私の父は今イヌを散歩させています。　　　　　　　　　　　　（　　　）

　　ア　My father was walking the dog then.

　　イ　My father walks the dog every day.

　　ウ　My father walked the dog yesterday.

　　エ　My father is walking the dog now.

　　オ　My father wasn't walking the dog then.

**4** 〈過去進行形の対話文〉
次の文の＿＿に適当な1語を入れて，対話文を完成しなさい。

(1) A : Was Mike at home last night?

B : Yes, he ＿＿＿＿＿＿＿＿.

(2) A : ＿＿＿＿＿＿＿＿ you studying at the library then?

B : No, I ＿＿＿＿＿＿＿＿.

(3) A : How ＿＿＿＿＿＿＿＿ the weather in Kyoto yesterday?

B : It ＿＿＿＿＿＿＿＿ cloudy.

**5** 〈be 動詞の過去形・過去進行形①〉 重要
次の日本文の意味を表すように，（ ）内の語を並べかえなさい。

(1) 私は7時に夕食を食べていました。

( was / seven / eating / dinner / I / at ).

＿＿＿＿＿＿＿＿＿＿＿＿＿＿＿＿＿＿＿＿＿＿＿＿＿

(2) あなたは昨年学生でしたか。

( were / year / you / student / a / last )?

＿＿＿＿＿＿＿＿＿＿＿＿＿＿＿＿＿＿＿＿＿＿＿＿＿

(3) 私の母はそのとき料理をしていませんでした。

( wasn't / my / cooking / mother / then ).

＿＿＿＿＿＿＿＿＿＿＿＿＿＿＿＿＿＿＿＿＿＿＿＿＿

**6** 〈be 動詞の過去形・過去進行形②〉
次の日本文を英語になおしなさい。

(1) 彼はよいサッカー選手でした。

＿＿＿＿＿＿＿＿＿＿＿＿＿＿＿＿＿＿＿＿＿＿＿＿＿

(2) 私たちは公園で走っていました。

＿＿＿＿＿＿＿＿＿＿＿＿＿＿＿＿＿＿＿＿＿＿＿＿＿

💡ヒント

1 be 動詞には「～です」と「（～に）います」という2つの意味があるので，「でした」「（～に）いました」
は be 動詞の過去形 was, were を使って表す。

2 過去進行形は〈was[were]＋動詞の -ing 形〉で表す。

3 ➡ walk[wɔ́ːk ウォーク]「（イヌを）散歩させる」

4 yesterday や then など過去を表す語句に注目する。

5 (2) be 動詞の疑問文は主語の前に be 動詞を置く。

6 (1)「よいサッカー選手」＝a good soccer player　a を忘れないことと語順に注意する。

**1** 次の日本文にあう英文になるように＿＿に適当な1語を入れなさい。

(1) 私は昨日そこにはいませんでした。

I ＿＿＿＿＿＿ ＿＿＿＿＿＿ there yesterday.

(2) 私の姉はそのとき庭をそうじしていました。

My sister ＿＿＿＿＿＿ ＿＿＿＿＿＿ the garden then.

(3) 彼らは今朝どこにいましたか。

＿＿＿＿＿＿ ＿＿＿＿＿＿ they this morning?

(4) この前の日曜日は雨でした。

＿＿＿＿＿＿ ＿＿＿＿＿＿ rainy last Sunday.

(5) あなたは部屋で何をしていましたか。

What ＿＿＿＿＿＿ you ＿＿＿＿＿＿ in your room?

**2** 重要

次の文を ( ) 内の指示にしたがって書きかえなさい。

(1) I'm a high school student now. (下線部を last year にかえて)

＿＿＿＿＿＿＿＿＿＿＿＿＿＿＿＿＿＿＿＿＿＿＿＿＿＿＿＿＿＿＿

(2) She washed the dishes. (過去進行形の文に)

＿＿＿＿＿＿＿＿＿＿＿＿＿＿＿＿＿＿＿＿＿＿＿＿＿＿＿＿＿＿＿

(3) It was hot last night. (否定文に)

＿＿＿＿＿＿＿＿＿＿＿＿＿＿＿＿＿＿＿＿＿＿＿＿＿＿＿＿＿＿＿

(4) They were having lunch at that restaurant. (下線部をたずねる疑問文に)

＿＿＿＿＿＿＿＿＿＿＿＿＿＿＿＿＿＿＿＿＿＿＿＿＿＿＿＿＿＿＿

**3** 次の英文を日本語になおしなさい。

(1) Were you and your family in Okinawa last summer?

(　　　　　　　　　　　　　　　　　　　　　　　　　　)

(2) The girl was running near the river.

(　　　　　　　　　　　　　　　　　　　　　　　　　　)

**4** ⚠ ミス注意
次の疑問文の答えとして適するものを，下のア～カから選んで，記号で答えなさい。

(1) Are you going to school now? （　　）

(2) Where were you going then? （　　）

(3) Was your brother sleeping then? （　　）

(4) Where were you? （　　）

(5) What was Ken studying? （　　）

ア　Yes, he is.　　　　　　　　イ　Yes, he was.

ウ　No, I'm not.　　　　　　　　エ　He was studying math.

オ　I was in the park.　　　　　カ　I was going to the museum.

**5** 次の日本文の意味を表すように，（　　）内の語を並べかえなさい。

(1) あなたは昨年何歳でしたか。

( how / were / year / you / old / last )?

_____

(2) 私たちは居間でテレビを見ていました。

( the / we / living / were / watching / in / TV / room ).

_____

(3) そのときだれがピアノを弾いていましたか。

( then / who / playing / piano / was / the )?

_____

(4) 彼女は10年前先生をしていました。

( teacher / she / years / was / a / ago / ten ).

_____

**6** 差がつく
次の各組の文の下線部に注意して，英文を日本語になおしなさい。

(1) ① Is it sunny and hot in Fukuoka today?

（　　　　　　　　　　　　　　　　　　　　　　　　　）

② Was it rainy and cold in Kyoto last Monday?

（　　　　　　　　　　　　　　　　　　　　　　　　　）

(2) ① He read the book yesterday.

（　　　　　　　　　　　　　　　　　　　　　　　　　）

② He was reading the book at about three yesterday.

（　　　　　　　　　　　　　　　　　　　　　　　　　）

# 20 未来を表す文

## ① be going to を使った未来の文

☐ **be going to ～「～するでしょう［するつもりです］」**

〈be going to＋動詞の原形〉で「～するでしょう［するつもりです］」という意味で，未来のことを表すときに使う。be 動詞は主語によって am・is・are を使い分ける。

> 現在  I get up at seven every day. （私は毎日 7 時に起きます）
>
> 未来  I'm going to get up at six tomorrow. （私は明日 6 時に起きるつもりです）

## ② be going to の否定文・疑問文

☐ **be going to の否定文＝be 動詞のあとに not を入れる。**

> Mami is not going to watch TV. （マミはテレビを見るつもりはありません）

☐ **be going to の疑問文＝be 動詞を主語の前に出す。**

答えるときも be 動詞を使う。

> Are you going to stay in Kyoto tomorrow? （あなたは明日京都に滞在するつもりですか）
>
> ― Yes, I am. （はい，するつもりです）/ No, I'm not. （いいえ，するつもりはありません）

## ③ will を使った未来の文

☐ **〈will＋動詞の原形〉**

未来は〈will＋動詞の原形〉で表すこともできる。ほぼ同じ意味を〈be going to＋動詞の原形〉で表せる場合もある。will は助動詞なので，主語によって形は変わらない。

> She will play tennis.＝She's going to play tennis.
>
> （彼女はテニスをするでしょう）

## ④ will の否定文・疑問文

☐ **〈will＋not＋動詞の原形〉「～しないでしょう［するつもりはありません］」**

否定文は will のあとに not を置く。will not は短縮形の won't も使われる。

> She will not［won't］go shopping tomorrow. （彼女は明日買い物に行かないでしょう）

☐ **〈Will＋主語＋動詞の原形～?〉「～するでしょうか［するつもりですか］」**

疑問文は will を主語の前に出す。Will ～? には will で答える。

> Will he come here next Sunday? （彼は今度の日曜日にここに来るでしょうか）
>
> ― Yes, he will. （はい，来るでしょう）/ No, he won't. （いいえ，来ないでしょう）

◉ be going to ～の be 動詞は主語によって am, is, are を使い分ける。
◉ 〈will＋動詞の原形〉は主語によって形が変わることはない。
◉ will＋not は won't と短縮できる。

### ポイント 一問一答

## ① be going to を使った未来の文

次の英文の（　　）内の正しいものを○で囲みなさい。

☐ (1) I ( am / is / are ) going to go shopping.

☐ (2) They ( am / is / are ) going to play soccer.

☐ (3) Mike ( am / is / are ) going to visit Nara next week.

## ② be going to の否定文・疑問文

次の英文の（　　）内の正しいものを○で囲みなさい。

☐ (1) We ( isn't / aren't ) going to swim tomorrow.

☐ (2) My father ( isn't / aren't ) going to make lunch.

☐ (3) ( Is / Are ) you going to use this computer?

☐ (4) ( Is / Are ) your sister going to learn French?
　　　— Yes, she ( is / are ).

## ③ will を使った未来の文

次の英文の（　　）内の正しいものを○で囲みなさい。

☐ (1) You ( will / is / are ) buy a new camera.

☐ (2) He ( will / is / are ) be fifteen next year.

## ④ will の否定文・疑問文

次の英文の（　　）内の正しいものを○で囲みなさい。

☐ (1) We ( will / is / are ) not play baseball tomorrow.

☐ (2) Nancy ( won't / isn't / aren't ) clean the room.

☐ (3) ( Will / Is / Are ) you go to the zoo next Sunday?

☐ (4) ( Will / Do / Is ) he swim in the river? — No, he won't.

---

**答**
① (1) am　(2) are　(3) is
② (1) aren't　(2) isn't　(3) Are　(4) Is, is
③ (1) will　(2) will
④ (1) will　(2) won't　(3) Will　(4) Will

# 基 礎 問 題

▶答え　別冊p.43

**1** 〈未来を表す文①〉
次の英文の（　　）内の適当な語を○で囲みなさい。

(1) We ( will / is / are ) going to clean the park this afternoon.

(2) Ted ( doesn't / isn't / aren't ) going to walk his dog.

(3) ( Will / Do / Are ) you and your friends practice baseball next Sunday?

(4) I ( will / am / is ) going to visit my grandmother tomorrow.

**2** 〈未来を表す疑問文〉
次の日本文にあう対話文になるように＿＿＿に適当な1語を入れなさい。

(1) あなたは今晩その CD を聞くつもりですか。—はい，聞くつもりです。

_____ you going to listen to the CD this evening?

— Yes, I _____.

(2) 彼女はいつ美術館へ行くつもりですか。—明日の朝です。

_____ _____ she going to go to the museum?

— She is _____ to go there tomorrow morning.

(3) 明日は晴れるでしょうか。—はい，晴れるでしょう。

_____ it be sunny tomorrow?

— Yes, _____ _____.

(4) 今度の金曜日にだれが私を手伝ってくれますか。—クミが手伝うでしょう。

Who _____ help me next Friday?

— Kumi _____.

**3** 〈be going to と will の否定文〉⚠️ミス注意
次の文を否定文に書きかえるとき，＿＿＿に適当な1語を入れなさい。

(1) They are going to meet at the station.

They _____ _____ going to meet at the station.

(2) I'm going to have dinner with them.

I'm _____ _____ to have dinner with them.

(3) My brother will go to Canada next year.

My brother _____ _____ to Canada next year.

**4** 〈2通りの表現〉
各組の2文がほぼ同じ内容を表すように，____ に適当な1語を入れなさい。

(1) Mike will arrive here soon.

Mike _____ going _____ arrive here soon.

(2) Are you _____ to study in the library tomorrow?

_____ you _____ in the library tomorrow?

(3) My friend and I _____ not going to play tennis next Sunday.

My friend and I _____ _____ tennis next Sunday.

**5** 〈未来を表す文②〉 **重要**
次の日本文の意味を表すように，（　）内の語を並べかえなさい。

(1) 私は夕食後宿題をするつもりです。

( after / to / do / going / dinner / homework / I'm / my ).

_____

(2) 明日北海道は雪になるでしょう。

( tomorrow / it / in / will / snowy / be / Hokkaido ).

_____

(3) バスは何時にここに来るでしょうか。

( come / time / here / will / what / bus / the )?

_____

**6** 〈未来を表す文③〉
次の日本文を，（　）内の語を使って英語になおしなさい。

(1) 彼は来年高校生になります。( will )

_____

(2) あなたは明日何をするつもりですか。( going )

_____

💡 **ヒント**

1 be going to ～の be 動詞は主語によって使い分ける。

2 (3)(4) will は主語が3人称単数でも形が変わることはない。will の疑問文には will で答える。

3 be going to の否定文は be 動詞のあとに not を置く。will の否定文は will not または短縮形の won't を使う。

4 be going to と will はほぼ同じ内容を表す。空所の数によってどちらを使うか判断する。

5 (2) 天候を表すときの主語は it。「雪になる」は「雪の」という形容詞 snowy を使って表す。

6 (1)「高校生」＝a high school student

**1** 次の日本文にあう英文になるように＿＿に適当な 1 語を入れなさい。

(1) トムは日本の歴史を勉強するでしょう。

Tom ＿＿＿＿＿＿ ＿＿＿＿＿＿ to study Japanese history.

(2) 私は今晩テレビを見るつもりはありません。

＿＿＿＿＿＿ ＿＿＿＿＿＿ going to ＿＿＿＿＿＿ TV this evening.

(3) 彼は明日の朝早く起きるでしょうか。

＿＿＿＿＿＿ he ＿＿＿＿＿＿ up early tomorrow morning?

(4) あなたは今度の夏どこへ行くつもりですか。

Where ＿＿＿＿＿＿ you ＿＿＿＿＿＿ this summer?

(5) 彼らは今週何冊本を読むでしょうか。

How many books ＿＿＿＿＿＿ they going to ＿＿＿＿＿＿ this week?

**2** **重要**
次の文を ( ) 内の指示にしたがって書きかえなさい。

(1) He is a good player. (will を使って未来の文に)

_____

(2) You are going to clean your room. (疑問文に)

_____

(3) It will be hot tomorrow. (否定文に)

_____

(4) They are going to have lunch at that restaurant. (下線部をたずねる疑問文に)

_____

**3** 次の英文を日本語になおしなさい。

(1) Will your father be busy tomorrow?

(　　　　　　　　　　　　　　　　　　　　　　　　　)

(2) What time are you going to visit her?

(　　　　　　　　　　　　　　　　　　　　　　　　　)

**4** ⚠ ミス注意

次の疑問文の答えとして適するものを，下のア〜カから選んで，記号で答えなさい。

(1) Are you going to tell about your family?　　　　　　　　（　　）

(2) What are you going to do tomorrow?　　　　　　　　　（　　）

(3) Will he come to the party?　　　　　　　　　　　　　（　　）

(4) Where are you going?　　　　　　　　　　　　　　　（　　）

(5) Is Ken going to study science in college?　　　　　　　（　　）

　　ア　Yes, he is.　　　　　　　イ　Yes, he will.

　　ウ　No, I'm not.　　　　　　エ　Yes, he does.

　　オ　I'm going to the library.　カ　I'm going to see a movie.

**5** 次の日本文の意味を表すように，（　　）内の語を並べかえなさい。

(1) 私たちは来週英語の授業がないでしょう。

( have / we / English / next / classes / won't / week ).

_____

(2) 明日の天気はどうなるでしょうか。

( the / will / tomorrow / be / how / weather )?

_____

(3) あなたはどちらのバッグを買うつもりですか。

( are / which / going / you / bag / buy / to )?

_____

**6** 🏠 差がつく

ケンが書いた次の文を読んで，あとの問いに答えなさい。

> I'm thirteen years old now.  My birthday is tomorrow.  My mother is going to make a cake for me.  Mike and Takeshi will come to my house at five.  We will *have a good time.　　　　　　　　　　*have a good time 「楽しく過ごす」

(1) Will Ken be fourteen tomorrow?

_____

(2) What is Ken's mother going to do tomorrow?

_____

(3) What time will Mike and Takeshi come to Ken's house?

_____

# 実力アップ問題

◎制限時間 **40**分
◎合格点 **80**点
▶答え　別冊 p.44

点

**1** 次の各語の -ed の発音は，ア [t]，イ [d]，ウ [id] のうちのどれになりますか。1 つ選び，記号で答えなさい。　〈1点×5〉

(1) helped　　(2) needed　　(3) lived

(4) wanted　　(5) danced

| | | | | | |
|---|---|---|---|---|---|
| (1) | | (2) | | (3) | |
| (4) | | (5) | | | |

**2** 次の文の (　　) 内の語を正しい形にしなさい。　〈2点×5〉

(1) I ( am ) twelve last year.

(2) They ( are ) running then.

(3) Takeshi ( is ) in the kitchen at that time.

(4) My father ( send ) a long email yesterday.

(5) Jiro ( sleep ) for nine hours last weekend.

| | | | | | |
|---|---|---|---|---|---|
| (1) | | (2) | | (3) | |
| (4) | | (5) | | | |

**3** 次の＿＿ に適当な 1 語を入れて，対話文を完成しなさい。　〈3点×5〉

(1) ＿＿＿＿＿＿ he be at home?　— No, he won't.

(2) ＿＿＿＿＿＿ you see Mr. Green yesterday?

　— Yes.　I saw him at the station last night.

(3) ＿＿＿＿＿＿ wrote that email?　— John did.

(4) ＿＿＿＿＿＿ did you see her?　— I saw her last week.

(5) ＿＿＿＿＿＿ ＿＿＿＿＿＿ oranges did your mother buy at the store?

　— She bought five oranges.

| | | | | | |
|---|---|---|---|---|---|
| (1) | | (2) | | (3) | |
| (4) | | (5) | | | |

**4** 次の(1)~(5)の問いに対する答えを，下のア~オから1つずつ選び，記号で答えなさい。〈1点×5〉

(1) What did they buy?

(2) Where are you going to play baseball?

(3) When did he paint the picture?

(4) Who will read that book?

(5) Did your sister help her mother?

ア　Last week.　　イ　No, she didn't.

ウ　In the park.　　エ　Some new balls.

オ　I will.

| (1) | | (2) | | (3) | |
|---|---|---|---|---|---|
| (4) | | (5) | | | |

**5** 次の日本文の意味を表すように，（　）内の語を並べかえなさい。ただし，1語不足しているので，その語を加えて全文を書きなさい。
〈4点×5〉

(1) あなたはそのとき何を洗っていましたか。

（ you / then / what / washing ）?

(2) 彼らは子どもたちと歌を歌うでしょう。

（ the / a / they / children / sing / to / song / with / are ）.

(3) 私の兄は先週奈良にいませんでした。

（ week / Nara / brother / in / my / last ）.

(4) 私はその本を知りませんでした。

（ know / book / I / that ）.

(5) 彼女はパーティーに来ましたか。

（ party / did / to / she / the ）?

| (1) | |
|---|---|
| (2) | |
| (3) | |
| (4) | |
| (5) | |

次の絵(1)〜(4)にあてはまるセリフを下のア〜エから選び，記号で答えなさい。　　　〈2点×4〉

- ア　No, I didn't.
- イ　Did you eat my apple?
- ウ　I gave it to Lynn.
- エ　Where is my apple?

| (1) |  | (2) |  |
|-----|--|-----|--|
| (3) |  | (4) |  |

---

**7** 次の文を（　　）内の指示にしたがって書きかえなさい。　　　〈3点×7〉

(1) Were you playing the guitar?（Yes で答える）

(2) She met my cousin.（下線部を進行形の文に）

(3) Robby went to a concert last night.（否定文に）

(4) She didn't wear a coat yesterday.（肯定文に）

(5) It is cloudy today.（下線部を tomorrow にかえて）

(6) Mike and his sister were listening to music then.

　　　　　　　　　　　　　　　　　　（下線部が答えの中心となる疑問文に）

(7) She doesn't play the piano.（next Sunday を加えて 7 語の英文に）

| (1) |  |
|-----|--|
| (2) |  |
| (3) |  |
| (4) |  |
| (5) |  |
| (6) |  |
| (7) |  |

**8** 次の対話文を読んで，あとの問いに答えなさい。 ⟨(1)・(5) 3点×2，(2)・(3)・(4) 2点×3，(6) 1点×4⟩

---

May : Hi, Ken. ① Where are you going?

Ken : I'm going to my uncle's house.

May : Why are you going there? Does your uncle *need your *help?

Ken : No, he doesn't.　He ②( come ) back to Japan from Australia a week
　　　ago.　And ③ he tells me about his *holidays.

May : I see.　How long ④( いました ) he in Australia?

Ken : For two weeks.

May : *Sounds good.　⑤( my / I / there / family / with / go ) next January.

Ken : Will you *ski in Australia?

May : No, I won't.　It is summer in Australia in January.

　　　　　　　　　　　*need　必要である　　help　助け　　holidays　休日

　　　　　　　　　Sounds good.　いいね。　　ski　スキーをする

---

(1) 下線部①を日本語になおしなさい。

(2) ②の（　　）内の動詞を適当な形に変えなさい。

(3) 下線部③の文を，「するつもりです」の意味の文に書きかえなさい。

(4) ④の（　　）内の日本語を1語の英語で書きなさい。

(5) ⑤の（　　）内の語に1語加えて意味の通る文に並べかえなさい。

(6) 次のア～エが本文の内容と合っていれば○，ちがっていれば×を書きなさい。

　　ア　ケンのおじさんは昨日オーストラリアからもどった。

　　イ　ケンは今度の1月におじさんとオーストラリアに行く。

　　ウ　日本で冬のときオーストラリアは夏である。

　　エ　メイとケンはいっしょにスキーをするつもりである。

| (1) | |
|---|---|
| (2) | |
| (3) | |
| (4) | |
| (5) | |
| (6) | ア　　　　イ　　　　ウ　　　　エ |

□ 編集協力　㈱プラウ21（益田春花）　伊藤祐美　千葉瑠衣子

□ 本文デザイン　小川純（オガワデザイン）　南彩乃（細山田デザイン事務所）

□ イラスト　㈱プラウ21

シグマベスト
**実力アップ問題集**
**中1英語**

本書の内容を無断で複写（コピー）・複製・転載することを禁じます。また，私的使用であっても，第三者に依頼して電子的に複製すること（スキャンやデジタル化等）は，著作権法上，認められていません。

| | |
|---|---|
| 編　者 | 文英堂編集部 |
| 発行者 | 益井英郎 |
| 印刷所 | 中村印刷株式会社 |
| 発行所 | 株式会社文英堂 |

〒601-8121　京都市南区上鳥羽大物町28
〒162-0832　東京都新宿区岩戸町17
（代表）03-3269-4231

Σ BEST シグマベスト

実力アップ問題集

EXERCISE BOOK | ENGLISH

解答・解説

中1英語

文英堂

## アルファベットの読み方・書き方

**❶** B D E J K N Q S Y

**解説** 大文字は第1線から第3線まで使って書く。Y は左右対称になる。

**❷** a e f g i m q y z

**解説** 文章は小文字で書くことが多いので，正しく書く練習をする。a と g は活字体とブロック体で形が違う。i は縦の線を書いてから頭の点をうつ。

**❸** A b d f G I k n R T y

**解説** 大文字と小文字で形の似ているもの，異なるものなど，注意して覚えよう。

**❹** (1) F　(2) L　(3) D　(4) R

**解説** (1) 下唇をかんで発音する文字は F と V の 2 つだけ。
(2)「エゥ」のように聞こえる。
(4) 日本語にはない発音なので，十分練習しよう。

**❺** Watashi wa Kazuya desu.

**解説** 英語の中で書くローマ字は，ふつうヘボン式を使う。「し」は si と間違えやすいので注意する。

## アルファベットの問題

**❶** (1) E F G H I J　(2) K L M N O P
(3) U V W X Y Z　(4) A B C D E F
(5) J K L M N O

**解説** ABC ソングを思い出そう。書くときは，大文字は第1線から第3線まで使う。M や Y は左右対称になる。

**❷** (1) a b c d e f　(2) e f g h i j
(3) q r s t u v　(4) i j k l m n
(5) p q r s t u

**解説** a と g は活字体とブロック体で形が違う。i や j は縦の線を書いてから頭の点をうつ。

**❸** (1) A E F H I K L M N T V W X Y Z のうち，どれでも 5 つ
(2) b d f h k l のうち，どれでも 5 つ
(3) C O P S V W X Z のうち，どれでも 5 つ

**解説** それぞれ 5 つ以上あるので，そのうちどれでも 5 つ書けばよい。
(3) 大文字と小文字で形の似ているもの，異なるものなど，注意して覚えよう。

**❹** (1) a　(2) G　(3) J
(4) Q　(5) t

**解説** 活字体とブロック体で形が大きく違うものに注意しよう。大文字の Q や小文字の a, g などの形に特に注意する。

**❺** (1) PC　(2) PTA　(3) NET
(4) IN　(5) CD

**解説** 大文字は第1線から第3線まで使って書く。
(1) Personal Computer の頭文字をとったもの。
(2) Parent-Teacher Association [ペアレント・ティーチャ・アソウシエイション] の略。
(3) Internet は Net ともいう。
(4) 反対は OUT。
(5) コンパクト・ディスクを英語で正しくつづると compact disc となる。一般に「シーディー」と呼び，英語でも CD [スィーディー] で通用する。

**❻** (1) オ　(2) カ　(3) キ　(4) ウ
(5) ア　(6) イ　(7) エ　(8) ケ
(9) ク

**解説** いずれも日本語化された英語である。日本語と英語では強く発音するところが異なる場合があるので注意。

**❼** (1) オン　(2) オフ　(3) アウト
(4) イン　(5) ショップ　(6) セール
(7) タイム　(8) ペット

**解説** 商品，カタログなど，日常でよく見られるアルファベット。英語の発音とつづりを 1 つずつ覚えよう。

**⑧** (1) 英語は楽しい。

(2) 私は野球のファンです。

**解説** shi＝し　fuan＝ファンとなることに注意する。

# 1 I am ～ . / You are ～ .

p.10～11 **基礎問題の答え**

**1** (1) You　(2) am　(3) I'm

(4) are　(5) I'm　(6) You're

**解説** (1)「あなたは～です」の文なので are の前に You を入れる。大文字で始めること。

(2)「私は～です」の文は I のあとに am を入れる。

(3) 空所が 1 つなので「私は～です」の I am を短縮形にする。

(4)「あなたは～です」の文なので，are。

(5) 空所が 1 つなので，「私は～です」の I am を短縮形にする。

(6) 空所が 1 つなので，「あなたは～です」の You are を短縮形にする。

**2** (1) am not　(2) are not

**解説** am，are を使った文の否定文は，すべてそのあとに not を置く。

(1)「私は日本人です」→「私は日本人ではありません」I am not は I'm not とすることもできる。

(2)「あなたは野球選手です」→「あなたは野球選手ではありません」are not の短縮形は aren't。

**3** (1) Are you, I am

(2) Are you, I'm not

**解説** You are ～ . の疑問文は are を you の前に出す。この形の疑問文には Yes / No で，主語は I で答える。

(1)「あなたは高校生です」→「あなたは高校生ですか」「はい，そうです」主語は I で答える。

(2)「あなたはテニスファンです」→「あなたはテニスファンですか」「いいえ，ちがいます」答えの空所が 2 つなので I am の短縮形と not を使う。

**4** (1) I am a basketball fan.

(2) Are you a music teacher?

(3) I'm not fourteen years old.

(4) Are you a tennis player?

**解説** (1)「私は～です」の文なので I am で始める。

「バスケットボールファン」は a basketball fan の語順になる。

(2)「あなたは～ですか」は are を you の前に出す。「音楽の先生」は a music teacher と表す。

(3)「私は～ではありません」という否定文は I am[I'm]のあとに not を置く。「～歳」は〈数字＋year(s) old〉と表す。

(4)「あなたは～ですか」の文なので Are you から始める。

**5** (1) 私は日本の出身です。

[私は日本から来ました。]

(2) あなたはタクヤですか。

(3) いいえ，ちがいます。私はタカシです。

**解説** (1) I'm ～ . の文なので「私は～です」とする。from ～ は「～出身」の意味で出身地を表すときに使う。

(2) Are you ～？は「あなたは～ですか」とする。

(3) Are you ～？に対する答えなので「いいえ，（私は）ちがいます」となる。そのあとに自分の名前を言っている。

p.12～13 **標準問題の答え**

**1** (1) I am Lisa White.

(2) You are a tennis player.

(3) I'm not from Australia.

(4) Are you thirteen years old?

(5) You're not a high school student.

**解説** (1)「私は～です」という自己紹介の文は〈I am ＋自分の名前.〉で表す。am が不足している。

(2)「あなたは～です」の文なので You are ～ . の形になるとわかる。you が不足している。

(3)「私は～ではありません」の文なので I'm not ～ . の形になる。not を補う。

(4)「あなたは～ですか」の文なので Are you で始める。you の前に置く are が不足している。

(5)「あなたは～ではありません」は You are not ～ . の形になるとわかる。不足しているのは 1 語なので You are の短縮形を補う。

**2** (1) You're　(2) am

(3) Are　(4) I'm

**解説** (1)「私は～です」の I'm，または「あなたは～です」の You're が入るが，I'm は(4)で使うのでここでは「あなたはカトウケンです」となる。

3

(2) I のあとなので am を入れて「私はサッカーの選手ではありません」の文とする。

(3) you の前なので Are を入れる。「あなたは野球ファンですか」

(4) (3)に答えて「いいえ，（私は）ちがいます」とする。I am の短縮形 I'm が入る。

**3** (1) ⑦ am   ⑦ Are
　　(2) ⑦
　　(3) ア…○　イ…×　ウ…○

解説 全訳 トム：やあ。ぼくはトムブラウンです。アメリカ出身です。

カズ：やあ，トム。ぼくはナカムラカズです。サッカーファンです。あなたもサッカーファンですか。

トム：いいえ，ちがいます。ぼくは野球ファンです。

アヤ：本当ですか。私もです。

(1) ⑦「私は～です」の文と考える。am を入れる。
⑦ 相手のトムにたずねているので「あなたも～ですか」という文とわかる。you の前に Are を入れる。～, too は「～もまた」という意味。

(2) トムが「私は野球ファンです」と続けているので「あなたもサッカーファンですか」という質問には「いいえ，ちがいます」という答えになる。Are you ～? に対して主語は I で答える。

(3) ア　トムの最初の発言で「アメリカ出身」と言っているので合っている。イ　トムの2つ目の発言で「野球ファン」と言っているのでサッカーファンはカズだけである。ウ　アヤはトムの「野球ファンです」という発言に「私も」と言っているので合っている。

**4** (1) I am[I'm] Yamada Ichiro.
　　(2) Are you a student?
　　(3) I am[I'm] not from Tokyo.
　　(4) You are[You're] not a volleyball player.
　　(5) Are you Bob? — Yes, I am.

解説 (1) 自分の名前を言うときは I am[I'm] のあとに〈姓＋名〉で表す。〈名＋姓〉の順でもよい。

(2)「あなたは～ですか」とたずねるときは Are you ～? で表す。student（学生）の前に a をつけること。

(3)「私は～ではありません」は I am[I'm] のあとに not を置く。「～出身」は from ～。

(4)「あなたは～ではありません」は You are[You're]

のあとに not。「バレーボールの選手」は a volleyball player という。a を忘れないこと。

(5)「あなたは～ですか」という問いに「はい，（私は）そうです」と答えるので，答えの主語は I になる。

# **2** This is ～. / That is ～. ①

p.16～17　基礎問題の答え

**1** (1) This　(2) That　(3) is　(4) That's

解説 This[That] is ～. の形にする。
(1)「これは～です」の文は This is ～ で表す。
(2)「あれは～です」の文は That is ～ で表す。
(4) 空所が1つなので「あれは～です」の That is を短縮形にする。

**2** (1) That's not[That isn't] / あれは私のカメラではありません。
　　(2) This is not / これは鳥ではありません。

解説 This[That] is ～. の否定文は This[That] is not ～. となる。
(1) 空所の数に合わせて短縮形にする。That's not と That isn't の2通りが考えられる。

**3** (1) This is Rose's　(2) That's, an
　　(3) my mother's　(4) That is a

解説 ものの所有を表す場合には，〈名詞＋'s〉の形にする。
(1)「ローズのかばん」なので Rose's bag となる。「これは」とあるので This で始める。
(2) 空所の数から That is の短縮形を入れる。orange の前に an をつける。
(3)「私の母の本」なので my mother's book。
(4)「あれは～です」の文なので That is ～. となる。junior high school の前に a をつける。

**4** (1) This is my father.
　　(2) That is your house.
　　(3) This is a pen.
　　(4) That is an egg.
　　(5) This is not my cat.

解説 (1)「こちらは～です」の文なので This is から始める。「私の父」なので my father となる。

（2）「あれは〜です」の文なので That is から始める。「あなたの家」なので your house となる。

（3）「これは〜です」の文なので This is から始める。名詞 pen の前には a がつく。

（4）「あれは〜です」の文なので That is から始める。名詞 egg は母音で始まるので an がつく。

（5）「これは〜ではありません」の文なので This is のあとに not を置く。「私のネコ」なので my cat となる。

**5** （1）これはあなたのバイオリンです。
（2）あれは私の弁当箱です。
（3）これはイチゴではありません。

**解説** （1）This is 〜. の文なので「これは〜です」とする。your violin とあるので「あなたのバイオリン」とする。

（2）That is 〜. の文なので「あれは〜です」とする。my lunch box とあるので「私の弁当箱」とする。

（3）This is not 〜. の文なので「これは〜ではありません」とする。a strawberry とあるので「1個のイチゴ」だが，日本語にする場合「1個，1つ」は入れなくてもよい。

**p.18〜19** 標準問題の答え

**1** （1）This is Kate Brown.
（2）That is an orange.
（3）This is your father's picture.
（4）This is not my house.
（5）That's not a park.

**解説** （1）「こちらは〜です」の文なので〈This is＋人の名前.〉の形になるとわかる。This が不足している語。

（2）「あれは〜です」の文なので That is 〜. の形になるとわかる。不足している語は，母音で始まる名詞 orange の前に置く an。

（3）「これは〜です」の文なので This is 〜. の形になるとわかる。不足している語は「あなたの」を表す your。

（4）This is で始めて不足している not を補う。

（5）「あれは〜ではありません」の文なので That is の短縮形を補って That's not 〜. で表す。

**2** （1）This is a （2）That's a
（3）That is （4）This is

**解説** （1）「これはウサギです」絵は近くにいるウサギを指さしているので，This is 〜. を用いる。

（2）「あれはトラックです」絵は遠くにあるトラックを指さしているので，That is 〜. を用いる。空所の数に合わせるため，That's と短縮形を用いる。

（3）「あれは私のかばんです」絵は遠くにあるかばんを指さしているので，That is 〜. を用いる。

（4）「これは地図です」絵は近くにある地図を指さしているので This is 〜. を用いる。

**3** （1）あれ［あちら］は私の友だちのケンです。
（2）② this is　③ are you
（3）オ

**解説** **全訳** ユミ：ああ，あれは友だちのケンです。ケン，こちらはメイです。
ケン：やあ，メイ。はじめまして。
メイ：こちらこそはじめまして，ケン。私はカナダの出身です。
ケン：わかりました。ところで，あなたはテニスファンですか？
メイ：はい。これは私が大好きな選手の写真です。
ケン：ああ，あなたは錦織選手のファンですね！

（1）That is 〜. の文なので「あれ［あちら］は〜です」となる。my friend のあとに名前を続けると「友だちの〜」という意味になる。

（2）② だれかを紹介して「こちらは〜です」と言うときは This is 〜. で表す。
③ メイに対してたずねているので「あなたは〜ですか」という文になる。

（3）メイの2番目の発言「これは私の大好きな選手の写真です」に対して，ケンが「ああ，きみは錦織選手のファンなんだね」と応答していることから判断する。

**4** （1）is a car　　（2）is your cup
（3）is my watch, too　（4）this is Bob

**解説** （1）「あれは〜です」の文なので，That is 〜. と続ける。「自動車」は car。母音で始まらないので前につくのは a でよい。

（2）「これは〜です」の文と考えて This is 〜. と続ける。「あなたのカップ」は your cup と表す。

（3）「あれは〜です」の文と考えて That is 〜. と続ける。「私の時計」は my watch と表す。「〜も」は too で表し，通常文末に置く。too の前にはふつうコンマをつける。

# 3 This is ～. / That is ～. ②

**1** (1) Is this (2) Is that

解説 This[That] is ～. の文を疑問文にするには Is this[that] ～? の形にする。
(1)「これはあなたの皿です」→「これはあなたの皿ですか」
(2)「あれはあなたの車です」→「あれはあなたの車ですか」

**2** (1) ウ (2) ウ (3) イ

解説 (1)「これは消しゴムですか」「いいえ，ちがいます」Is this ～? の問いには Yes / No で答える。ペンの絵なので，ここでは No となる。
(2)「あれは花ですか」「はい，そうです」Is that ～? の問いには Yes / No で答える。
(3)「これは何ですか」「それはサッカーボールです」What is this? には，It is ～. で答える。

**3** (1) No, isn't, It, dog
(2) No, isn't, It, Mika's

解説 Is this[that] ～? には Yes, it is. または No, it is not[isn't]. で答える。
(1)「あれはクマですか」「いいえ，ちがいます。それはイヌです」空所の数を考えて，is not の短縮形を使う。
(2)「これはジュディーのかばんですか」「いいえ，ちがいます。それはミカのかばんです」

**4** (1) イ (2) エ

解説 (1)「あれは～ですか」の文なので Is that ～? の文。「～も（また）」は文末に too を置く。apple は母音で始まる名詞なので，a ではなく an をつける。
(2) Is that ～? の文への答え。that は it で受ける。

**5** (1) What's, It's
(2) What's, It's my
(3) Is this, isn't, It's

**1** (1) A: Is this an onion? B: Yes, it is.
(2) A: Is that your computer?
B: No, it isn't.
B: It's my brother's computer.
(3) A: What's this? B: It's an old hat.

解説 (1)「これは～ですか」の文なので Is this ～? の形になるとわかる。A には不足している an と〈?〉を，B には it と〈,〉〈.〉を補う。
(2)「あれは～ですか」の文なので Is that ～? の形になるとわかる。A には不足している that と〈?〉を，B には isn't と〈,〉〈.〉，It's と〈.〉を補う。1語補うと決められているので，is not や it is は短縮形を使う。
(3)「これは何ですか」の文なので What is this? の形になるとわかる。1語補うので，短縮形の What's を使う。B の返事では this ではなく，it を用いて It's とする。

**2** (1) Yes, it is.
(2) No, it is not[isn't]. (It's a hospital.)
(3) It is[It's] a bird.

解説 (1)「これはカメラですか」「はい，そうです」
(2)「あれは学校ですか」「いいえ，ちがいます。（それは病院です）」
(3)「あれは何ですか」「それは鳥です」

**3** (1) No, isn't, It's Ken's
(2) No, isn't, It's Taku's

解説 全訳 タク：これはきみの自転車なの？
トム：いや，ちがうよ。それはきみの自転車だよ。
タク：いや，ぼくの自転車じゃないよ。あれがぼくの自転車だよ。
トム：いや…見て！ ケンの名前だ。
タク：ああ，あれはケンの自転車だ。じゃあこれがぼくの自転車かな？ ああ，ぼくの自転車だ！
(1)「あれはタクの自転車ですか」「いいえ，ちがいます。あれはケンの自転車です」遠くにある自転車は最後のタクの発言からケンの自転車とわかる。

(2)「これはトムの自転車ですか」「いいえ，ちがいます。それはタクの自転車です」近くにある自転車はタクの最後の発言よりタクの自転車とわかる。

**4** (1) that　(2) Is that[it]　(3) it isn't
(4) It's

**解説** (1)「あれは何ですか」と遠くのものについて聞くときは What's that? となる。
(2)「あれは～ですか」と聞くときは Is that ～? となる。
(3)「いや，ちがうよ」と否定するときは No, it is not. となる。ここでは短縮形を用いて isn't とする。
(4)「これは～です」と答えるときは it で受ける。短縮形の It's を使う。

p.26～29 **実力アップ問題の答え**

**1** (1) イ　(2) エ　(3) ア　(4) ウ
**2** (1) I am Maki.
(2) That is your chair.
(3) Is that a fish?
(4) This is not my ball.
(5) That's not Beth's sister.
**3** (1) This is　(2) That, my
(3) This, not your　(4) Is this
(5) That's, Ben's
**4** (1) is an　(2) That's a
(3) is not
(4) That's not[That isn't]
**5** (1) That is Kate.
(2) Is this a dog?
(3) That is not[isn't] an orange.
[That's not an orange.]
(4) What is[What's] that?
(5) This is my flower.
**6** (1) is → am　(2) a → an
(3) isn't → is　(4) that's → that
**7** (1) Yes, it is.
(2) It's my sister's coat.
**8** (1) これはクミのコンピューターです。
(2) あなたはオーストラリア出身ですか。
（あなたはオーストラリアから来ましたか。）

(3) あれは何ですか。 ―（それは）電車です。
(4) あれは私の母のかばんではありません。
**9** (1) ① this is　② what is
(2) ⑦ Nice to meet you　④ I'm fine

**解説** **1** (1)「あれは図書館です」That's は That is の短縮形で「あれは～です」。
(2)「こちらこそ，お会いできてうれしいです」はじめて会った人へのあいさつ。文末に too があることから，だれかに先にそれを言われて「こちらこそ…」と返答していることがわかる。
(3)「こちらはマイクです」〈This is＋人の名前〉だれかに人を紹介するときに使う。
(4)「私はアキです」自己紹介するときは〈I am＋自分の名前.〉の形。
**2** (1)「私は～です」は〈I am＋自分の名前.〉で表す。
(2)「あれは～です」は That is ～. で表す。「あなたの」は your で表す。
(3)「あれは～ですか」は Is that ～? で表す。
(4)「これは～ではありません」は This is not ～. で表す。「私の」は my で表す。
(5)「あれは～ではありません」は That is not ～. で表す。ここでは短縮形が使われている。「ベスの」は Beth's で表す。
**3** (1)「こちらは～です」を表すときは This is ～. の形。
(2)「あれは～です」を表すときは That is ～. の形。「私の」は my で表す。
(3)「これは～ではありません」を表すときは This is not ～. の形。「あなたの」は your で表す。
(4)「これは～ですか」は Is this ～? で表す。
(5)「あれは～ではありません」を表すときは That is not ～. の形。空所の数に合わせて That's と短縮形を使う。「ベンの」は Ben's で表す。
**4** (1)「これはかさです」かさが１本で，umbrella という母音から始まる単語なので an がつく。
(2)「あれは牛です」絵は遠くにいる牛を指さしているので That を使う。空所の数に合わせて短縮形を使う。
(3)「これはマリアのノートではありません」マリアのノートではないので，否定文となる。
(4)「あれはうで時計ではありません」絵は遠くにある壁掛けの時計（clock）を指さしているので That を使う。うで時計（watch）ではないので否定文となる。空所の数に合わせて短縮形を使う。

5 (1)「こちらはケイトです」→「あちらはケイトです」「あちらは」にするには This を That にかえる。
(2)「これはイヌです」→「これはイヌですか」疑問文にするには Is this ～? の形にする。
(3)「あれはオレンジです」→「あれはオレンジではありません」否定文にするには is のあとに not を置く。
(4)「あれはケーキですか」→「あれは何ですか」「何ですか」の文にするには What で始めて疑問文の形を続ける。
(5)「これは花です」→「これは私の花です」「私の」は my で表す。

6 (1)〈I am + 自分の名前.〉が正しい形。is を am になおす。
(2) watch は母音で始まる名詞ではないが,「古い」の意味の old は母音で始まっているので an にする。
(3) not が重複しているので isn't を is になおす。
(4) Is that ～? が正しい形なので,that's を that になおす。

7 (1) A「あれは星ですか」B「はい,そうです」不要な語は that。
(2) A「これはあなたのコートですか」B「いいえ,ちがいます。それは私の姉 [妹] のコートです」不要な語は sister。

8 (1) This is ～ . は「これは～です」となる。
(2) 相手の出身地をたずねる表現。
(4) That is not ～ . は「あれは～ではありません」となる。

9 全訳 ミキ：おはよう,ピーター。
ピーター：おはよう,ミキ。ミキ,こちらはぼくの友だちのロビーだよ。
ミキ：会えてうれしいわ,ロビー。
ロビー：やあ,こちらこそ,ミキ。調子はどうだい。
ミキ：元気よ,ありがとう。ところで,あれは何?
ロビー：それはぼくのバイオリンだよ。
(1) ① 会話の流れから,ピーターが友だちのロビーをミキに紹介していると考える。だれかに人を紹介するときは〈This is + 人の名前.〉。 ② 直後にロビーが「それはぼくのバイオリンだよ」と答えているので,「あれは何ですか」のようなことをたずねたと考えられる。
(2) ⑦のあとでロビーが「こちらこそ」と返答していることから,Nice to meet you. と言ったと考えら

れる。 ⑦の直前で「調子はどうだい」とロビーからたずねられているので,「元気よ」と返答していると考えられる。

# 4 a [an], the と形容詞

p.32～33 基礎問題の答え

1 (1) a (2) The (3) an (4) The
(5) × (6) the (7) × (8) the

解説 数えられるものが 1 つの場合は,名詞の前に a か an がつく。an は母音で始まる語の前で使う。the は前に出た名詞を受けるときや,天体など 1 つしかないものなどの前,また慣用表現で用いる。
(1)「あれは鳥です」bird「鳥」は数えられる。
(2)「これはぼうしです。そのぼうしは私の姉 [妹] のものです」2 回目に話題に上るときは the をつける。
(3)「あれは何ですか」「それは (1 個の) リンゴです」apple は母音で始まる語なので an をつける。
(4)「あれは公園です。その公園は大きいです」前の文の公園のことを言っているので「その公園」の意味で the を使う。
(5)「あなたは日本出身ですか」国名の前にはふつう a [an] や the はつけない。
(6)「大きな鳥が空にいます」sky はふつう the をつける。
(7)「これは私のウサギです」my や your などが名詞の前にあると a,an,the はつかない。
(8)「あれは始発 [1 番目] のバスです」序数 (「～番目の―」) の前には the がつく。

2 (1) The / その動物は
(2) × / カナダ出身ですか
　　(カナダから来ましたか)
(3) × / トム・ブラウンです
(4) × / 私の学校です
(5) the / 月が
(6) the / 始発 [1 番目] の電車です

解説 (1) 1 度出た語の前には the がつく。
(2)(3) 国名,人名にはふつう the はつかない。
(4)「私の」のように「～の」という意味の語の前には a [an] や the はつかない。
(5) 天体の名前にはふつう the がつく。
(6) 序数の前には the がつく。

**3** (1) big[large] (2) long[tall]
(3) old (4) hot[warm]
(5) good[nice]

解説 (1) small「小さい」, big[large]「大きい」
(2) short「短い，低い」, long「長い」[tall「高い」]
(3) new「新しい」, old「古い，年とった」
(4) cold「寒い」, hot「暑い」[warm「暖かい」]
(5) bad「悪い」, good[nice]「よい」

**4** (1) これは古い(掛け・置き)時計です。
(2) あれはすてきなシャツです。
(3) この学校は新しいです。

解説 形容詞はあとの名詞を修飾して「〜な…」の意味になる。
(1) an old clock「古い(掛け・置き)時計」
(2) a nice shirt「すてきな[よい]シャツ」
(3) 形容詞で文が終わるときは，形容詞が主語を説明していると考える。つまり「この学校」＝「新しい」である。

**5** (1) a big orange
(2) an English teacher

解説 形容詞は名詞の前にくる。
(1)「これは大きなオレンジです」
big は子音で始まるので an が a にかわる。
(2)「私は英語の先生です」English「英語の」は母音で始まるので a を an にかえる。

**6** (1) a new student
(2) is long (3) a famous player

解説 (1)「新しい生徒」は〈a＋形容詞＋名詞〉の語順で表す。
(2) This bridge が文頭にあるので，「この橋は長いです」は形容詞で終わる文だと考えられる。
(3)「有名な選手」は〈a＋形容詞＋名詞〉の語順で表す。

**p.34〜35 標準問題の答え**

**1** (1) This is an egg.
(2) Is that your piano?
(3) Are you a new student?
(4) This question is hard.
(5) I am from America.

解説 (1) egg は母音で始まるので an がつく。a が不要。
(2)「あなたのピアノ」は your piano。the が不要。
(3)「新しい」は new。young「若い」が不要。
(4)「難しい」は hard。easy「簡単な」が不要。
(5) America は国名なので前に何もつけない。the が不要。

**2** (1) This book, good
(2) that computer new
(3) This, a tall tree
(4) This, a big doll
(5) That, a pretty baby

解説 「これは[あれは]…な〜です」は「この[あの]〜は…です」で同様の内容を表せる。名詞の前に a や an をつけ忘れないように注意する。
(1)「これはよい本です」→「この本はよいです」
(2)「あれは新しいコンピューターですか」→「あのコンピューターは新しいですか」
(3)「この木は背が高いです」→「これは背が高い木です」
(4)「この人形は大きいです」→「これは大きな人形です」
(5)「あの赤ちゃんはかわいいです」→「あれはかわいい赤ちゃんです」

**3** (1) This is an old car. / これは古い車です。
(2) That's a heavy box. / あれは重い箱です。
(3) That is a young doctor. / あちらは若い医者です。

解説 (1)「これは新しい車です」old は母音で始まるので a が an にかわる。a, an は「1つの」や「1人の」の意味だが，ふつうは日本語には表さない。
(2)「あれは箱です」heavy は「重い」という意味の形容詞で，名詞 box の前に入る。
(3)「あの医者は若いです」young doctor の前に a をつけ忘れないように注意。

**4** (1) This is a picture[photo].
(2) The new bag is Nancy's.
(3) My cake is big.
(4) Tom's shirt is blue.

解説 (1)「1枚の写真」は a picture。
(3)「ケーキは大きい」と形容詞が主語を説明する場合は〈主語＋is[am, are]＋形容詞.〉の形になる。

9

（4）「シャツは青い」と形容詞が主語を説明する場合は〈主語＋is[am, are]＋形容詞.〉の形になる。

**5** (1) light　(2) big

解説 (1) A「その白いネコは重いですか」B「いいえ、それは軽いです」てんびんは黒いイヌのほうにかたむいているから、白いネコのほうが軽い。「軽い」は light。
(2) A「その黒いイヌは大きいですか」B「はい。それは大きいです」「はい。」と答えているので It's big. となる。

---

# 5 He[She] is ～. / We[They] are ～.

p.38～39 基礎問題の答え

**1** (1) is　(2) is　(3) are　(4) are

解説 (1)「～です」の文で主語が She（3人称単数）のときは is を使う。
(2)「～です」の文で主語が He（3人称単数）なので、is を使う。
(3)「～です」の文で主語が We と複数なので、are を使う。
(4)「～です」の文で主語が Kumi and Ken で3人称複数なので、are を使う。

**2** (1) is not　(2) are not

解説 is, are を使った文の否定文は、すべてそのあとに not を置く。
(1)「彼は私のおじです」→「彼は私のおじではありません」is not の短縮形は isn't。
(2)「彼らは13歳です」→「彼らは13歳ではありません」are のあとに not を置く。

**3** (1) Is Emi, she is
　(2) Is that, it isn't
　(3) Are they, they aren't

解説 疑問文は is, are を主語の前に出す。この形の疑問文には Yes, ～ is[are]. / No, ～ is[are] not. で答える。
(1)「エミは高校生です」→「エミは高校生ですか」「はい、そうです」主語は Emi なので she で受ける。
(2)「あれはあなたの机です」→「あれはあなたの机ですか」「いいえ、ちがいます」主語は your desk

と〈もの〉なので、it で受ける。
(3)「彼らはとても有名な選手です」→「彼らはとても有名な選手ですか」「いいえ、ちがいます」答えの空所が2つなので、are not の短縮形を使う。

**4** (1) Who is, She is
　(2) Who are, I am

解説 「～はだれですか」は「だれ」という意味の疑問詞 who のあとに疑問文の形を続ける。この問いには具体的にだれであるかを答える。
(1) this girl は「この少女」なので、She is ～. で答える。
(2) you は「あなた」なので、I am ～. で答える。

**5** (1) They　(2) He　(3) Are
　(4) They　(5) These

解説 (1)「彼女たちは私のおばです」are があり、aunts が複数形になっているので They。
(2)「彼は科学者です」is があり、scientist が単数形なので He。
(3)「あなたたちは私の姉［妹］の友だちですか」you の前は Are。you は単数でも複数でも使うが、後ろの friends が複数なので、ここでは複数とわかる。
(4)「彼ら［彼女ら］はテニス選手です」are があり、players が複数形なので They。
(5)「これらは私の本です」are があり、books が複数形なので These。

**6** (1) We are　　(2) They are
　(3) These are　(4) They are

解説 (1)「私は生徒です」→「私たちは生徒です」I の複数形は we。
(2)「彼女は私の祖母です」→「彼女たちは私の祖母です」She の複数形は They。
(3)「これはバスです」→「これらはバスです」This の複数形は These。
(4)「トムとロビーは私の友だちです」→「彼らは私の友だちです」Tom and Robby を1語にまとめて they とする。

**1** (1) These, They (2) are

**解説** (1)「これらは私のうで時計です。それらは全部新しいです」watches が複数形なので These, They を選ぶ。
(2)「ケンと彼の父はよいテニス選手です」Ken and his father のような A and B は複数形だから動詞は are を使う。

**2** (1) We are from Australia.
(2) My sister is not a teacher.
(3) My brother isn't[is not] in the baseball club.
(4) Who is that boy?

**解説** (1)「メアリーはオーストラリア出身です」→「私たちはオーストラリア出身です」主語を we にかえるので，動詞を are にする。
(2)「私は先生ではありません」→「私の姉[妹]は先生ではありません」主語を my sister にかえるので，be 動詞を is にする。
(3)「あなたは野球部に入っていません」→「私の兄[弟]は野球部に入っていません」主語を my brother にかえるので，動詞を is にして isn't または is not にする。
(4)「あなたはだれですか」→「あの男の子はだれですか」主語を that boy と 3 人称単数にかえるので，動詞を is にする。

**3** (1) We are not doctors.
(2) Are these your pens?
(3) He isn't my brother.
(4) He and I are not classmates.
(5) Who is your English teacher?

**解説** (1) our が不要。否定文なので are のあとに not。
(2) those が不要。疑問文なので Are ～? の形。
(3) isn't は is not の短縮形なので，not が不要。
(4) is が不要。否定文なので are のあとに not。
(5)「～はだれですか」は Who is[are] ～? を使う。teacher が 3 人称単数なので動詞は is，よって are が不要。

**4** (1) Are you, we are
(2) and, are
(3) These are not

**解説** (1) 答えの文では we で受ける。
(2) A and B は複数形だから動詞は are を使う。
(3) 否定文にするには are のあとに not を置く。

**5** (1) これらはあなたの本ですか。―はい，そうです。
(2) ボブと私は隣人(りんじん)です。
(3) あれらはケンの英字新聞です。

**解説** (2) neighbor[néibər ネイバァ]「隣人」

**6** (1) Yes, he is.
(2) She is Jun's sister.
(3) No, he is not[isn't].
(4) She is a doctor.
(5) Yes, they are.

**解説** **全訳** ジュンと私は中学生です。私たちはよい友だちです。ジュンは北海道出身です。彼の趣味はスキーです。彼の家は今，私の家の近くです。彼の姉のアキは高校生です。彼女は17歳(さい)です。彼らの父(ちち)は警察官で，彼らの母は医者です。彼らはとても忙(いそが)しいです。
(1)「ジュンは中学生ですか」「はい，そうです」
Is ～? の問いには Yes / No を使い，is で答える。Jun について聞かれているので，he で答える。
(2)「アキはだれですか」「彼女はジュンの姉です」
6 文目に His sister, Aki とある。His は Jun's ということ。
(3)「ジュンの父親は先生ですか」「いいえ，ちがいます」Is ～? の問いには Yes / No を使って答える。最後から 2 文目に Their father is a police officer ... とあるので No で答える。
(4)「ジュンの母親は何ですか」「彼女は医者です」
What is ～? は職業や身分をたずねるいい方。最後から 2 文目に their mother is a doctor とある。
(5) parent「親」「ジュンの両親は忙しいですか」「はい，そうです」最終文に They are very busy. とあり，They は前文の Their father と their mother を指す。

# 6 一般動詞の現在形

**1** (1) play　(2) is　(3) have
　　(4) know　(5) play

**解説** is, am, are の文は主語とあとにくる語（補語）にイコール（＝）の関係があるが，**一般動詞の**あとにくるのは，「〜を」の意味を表す目的語が多いことに注意。たとえば I am a student. では I ＝ a student, I like tennis. では I ≠ tennis となる。
(1)「私はピアノを弾きます」play は「（楽器）を演奏する」の意味。この場合，楽器名に the がつく。
(2)「彼は私のおじです」He ＝ my uncle だから is.
(3)「私は自転車を（1台）持っています」have は「〜を持っている」の意味。
(4)「あなたはあの男の子を知っています」know は「〜を知っている」の意味。
(5)「あなたはじょうずにバスケットボールをします」play は「（楽器）を演奏する」以外に，「（スポーツ）をする」の意味もある。スポーツ名には a[an] や the はつかない。

**2** (1) have　(2) study　(3) know　(4) like

**解説** (1)「〜を持っている」は have で表す。
(2)「〜を勉強する」は study で表す。
(3)「〜を知っている」は know で表す。
(4)「〜が好き」は like で表す。

**3** (1) do not have　(2) don't play
　　(3) don't like　(4) don't have

**解説** 一般動詞の否定文は〈do not[don't]＋動詞の原形〉の形で表す。do not は短縮形の don't がよく使われる。
(1)「私は自転車を持っています」→「私は自転車を持っていません」
(2)「私はテニスをします」→「私はテニスをしません」
(3)「あなたは数学が好きです」→「あなたは数学が好きではありません」
(4)「あなたはウサギを飼っています」→「あなたはウサギを飼っていません」

**4** (1) Do, have, I[we]
　　(2) Do, like, I[we]
　　(3) Do, speak, do
　　(4) Do, want, I[we] don't

**解説** 一般動詞の疑問文は〈Do＋主語＋動詞の原形〜?〉の形で表す。この問いには Yes, 〜 do. あるいは No, 〜 don't. で答える。
(1)「あなた（たち）は鳥を飼っています」→「あなた（たち）は鳥を飼っていますか」「いいえ，飼っていません」
(2)「あなた（たち）は英語が好きです」→「あなた（たち）は英語が好きですか」「はい，好きです」
(3)「あなたは日本語を話します」→「あなたは日本語を話しますか」「はい，話します」
(4)「あなた（たち）はえんぴつをほしがっています」→「あなた（たち）はえんぴつがほしいですか」「いいえ，ほしくありません」

**5** (1) or fall[autumn], like spring
　　(2) or math, like science

**解説** 「…かそれとも〜」は or で表す。or のある問いには，「…」か「〜」のどちらかを選んで答える。
(1)「春」は spring, 「秋」は fall。「秋」は autumn とも表せる。
(2)「理科」は science, 「数学」は math。

**1** (1) Do, know　(2) Do, play
　　(3) don't like　(4) Do, like, or, I like

**解説** 一般動詞の疑問文は〈Do＋主語＋動詞の原形〜?〉の形になる。また一般動詞の否定文は〈do not＋動詞の原形〉で表す。
(1)「〜を知っている」は know。
(2)「（スポーツなど）をする」は play。
(3)「〜が好き」は like。短縮形 don't を使う。

**2** (1) I don't have a picture.
　　(2) You don't use your computer every day.
　　(3) Do you go to school every day?
　　(4) Are you Bob's mother?
　　(5) Are you American or Japanese?

**解説** (1)「私は絵［写真］を持っています」→「私は絵［写真］を持っていません」
(2)「あなたは毎日コンピューターを使います」→「あなたは毎日はコンピューターを使いません」every day「毎日」

(3)「あなたは毎日学校へ行きます」→「あなたは毎日学校へ行きますか」go to ～「～へ行く」

(4)「あなたはボブのお母さんです」→「あなたはボブのお母さんですか」are のある文の疑問文は are が主語の前に出る。

(5)「あなたはアメリカ人ですか，それとも日本人ですか」

**3** (1) Do you look at that picture every day? / No, I don't.

(2) Do you want a computer? / Yes, I do.

**解説** 一般動詞の疑問文は〈Do＋主語＋動詞の原形～?〉の形になる。

(1)「あなたはあの絵 [写真] を毎日ながめます」→「あなたはあの絵 [写真] を毎日ながめますか」「いいえ，ながめません」No の場合は No, I don't. となる。

(2)「あなたはコンピューターをほしがっています」→「あなたはコンピューターがほしいですか」「はい，ほしいです」Yes の場合は Yes, I do. となる。

**4** (1) Do you, Yes, do

(2) Do you, don't, don't like

(3) Do, or, have

**解説** (1) A「あなたはギターを弾きますか」B「はい，弾きます」ギターを弾く人の絵があるので，B の応答は Yes。

(2) A「あなたは冬が好きですか」B「いいえ，好きではありません」寒くてふるえている人の絵があるので，B の応答は No, I don't. となる。

(3) A「あなたは鳥か魚を飼っていますか」B「私は鳥を飼っています」鳥を手に乗せている人の絵から，鳥を飼っていると答える。

**5** (1) I know that doctor.

(2) I do not like this park.

(3) Do you use the bike?

(4) Do you like morning or night?

**解説** (1)「～を知っている」は know。like「～が好きだ」が不要。

(2)「～が好きだ」は like。am が不要。

(3)「～を使う」は use。play が不要。

(4)「…かそれとも～」は or。「…と～」を表す and が不要。

**6** (1) I wear my sister's clothes.

(2) Do you buy magazines?

(3) I do not[don't] drink coffee.

**解説** (1)「～を着る」は wear。「私の姉の」は my sister's で「服」は clothes。

(2)「～を買う」は buy。

(3)「～を飲む」は drink。否定文なので don't drink の形になる。

**p.48〜51** **実力アップ問題の答え**

**1** (1) is　(2) is　(3) are　(4) am

(5) are　(6) are　(7) are　(8) are

**2** (1) an　(2) a　(3) an　(4) a

**3** (1) a　(2) ×　(3) an　(4) The

**4** (1) Are you　(2) This, my new

(3) Do you like　(4) He, not Maki's

**5** (1) Is he a student?

(2) Who is she?

(3) Do you have a cat?

(4) This is a big fish.

(5) You are Beth.

(6) That coffee is hot.

**6** (1) No, isn't, an old

(2) Yes, I do　(3) like rice

(4) is a doctor

**7** (1) Do you speak English or French?

(2) Is she your grandmother?

(3) This is an old coin.

(4) He is not Mary's teacher.

(5) Do you have a dictionary?

**8** (1) あなたはお姉 [妹] さんの絵 [写真] が好きですか。

(2) 私はコーヒーを飲みません。

(3) あれは本ですか，（それとも）ノートですか。

(4) 私は新しい机を持っています。

**9** (1) Do you have a photo?

(2) 彼は新しい [新人 (の)] 野球選手です。

(3) know Takuya[him]

(4) That, good

(5) I don't[do not] like baseball.

**解説** **1** 主語が I のときは am，you や複数のときは are，he や3人称単数のときは is を使う。

(1)「彼はフランス人の男の子です」

(2)「あれは何ですか」

(3)「彼ら［彼女ら］は英語の先生です」

(4)「私は中学生です」

(5)「トムと私はよい友だちです」
Tom and I＝We（1人称複数）である。

(6)「ジューンとケイトはオーストラリア出身です」
主語は June and Kate で3人称単数である。

(7)「私たちは今忙しいです」

(8)「あれらの男の子たちはだれですか」those boys は3人称複数。

**2** (1) 形容詞＋名詞の語順で，「古い」の意味の old が母音で始まっているので an にする。

(2) beautiful は母音で始まる形容詞ではないため，a にする。

(3) English は「英語の」を意味する形容詞であり母音で始まるので an にする。

(4) bag は母音で始まる名詞ではないため，a にする。

**3** (1)「彼女は女の子です」数えられるものが1つのときは a[an]をつける。

(2)「これはあなたの自転車です」my や your などがつくときは a[an]や the はつけない。

(3)「彼はアメリカ人の男の子です」American は母音で始まる形容詞なので an になる。

(4)「これはうで時計です。このうで時計はとてもよいです」2回目に出てきた語の前には the がつく。

**4** (1)「あなたは〜ですか」は Are you 〜? で表す。

(2)「これは〜です」なので This is 〜. の文にする。「私の新しいペン」は my new pen となる。

(3)「〜が好き」は like を使う。

(4)「彼は〜ではありません」は He is not 〜. の形になる。「マキの」は Maki's で表す。

**5** (1)「彼は生徒です」→「彼は生徒ですか」He is 〜. の疑問文は Is が he の前に出る。

(2)「彼女は私のおばです」→「彼女はだれですか」Who is 〜? の形にする。

(3)「あなたはネコを飼っています」→「あなたはネコを飼っていますか」have は一般動詞なので Do you have 〜? となる。

(4)「これは魚です」→「これは大きな魚です」形容詞は名詞の前に置く。big は子音で始まるので a はそのまま使う。

(5)「彼女はベスです」→「あなたはベスです」主語を You にかえると，is は are に変化する。

(6)「あれは熱いコーヒーです」→「あのコーヒーは熱いです」

**6** (1)「これは新しいギターですか」「いいえ，ちがいます。それは古いギターです」絵は古いギターなので，否定で答える。old は母音で始まる形容詞なので an がつく。

(2)「あなたはサッカーをしますか」「はい，します」絵の男の子はサッカーをしているので，肯定で答える。

(3)「あなたはパンとごはんのどちらが好きですか」「私はごはんが好きです」絵の女の子はごはんを食べているので「ごはん」と答える。

(4)「彼の職業は何ですか」「彼は医者です」絵の男性は医者の格好をしているので，doctor となる。

**7** (1)「A ですか，それとも B ですか」の文は A or B の形になる。「〜をしますか」は Do you 〜?

(2)「彼女は〜ですか」は Is she 〜? の形。

(3)「これは〜です」は This is 〜. の形。形容詞は名詞の前につく。

(4)「彼は〜ではない」は He is not 〜. の形。

(5) 一般動詞のある文の疑問文は〈Do＋主語＋一般動詞の原形〜?〉の形。

**8** (1) like「〜が好き」 your sister's picture「あなたの姉［妹］の絵［写真］」

(2) drink「〜を飲む」

(3) Is that 〜?「あれは〜ですか」 A or B「A かまたは B」

(4) have「〜を持っている」〈a＋形容詞＋名詞〉「…な〜」

**9** **全訳** ミキ：私は写真を持っています。

ケン：彼はだれですか。

ミキ：彼はタクヤです。彼は新人の野球選手です。彼は私のおじです。

ケン：ぼくも写真を持っています。こちらはマリアです。彼女は背の高い女優です。ケイト，あなたはタクヤかマリアを知っていますか。

ケイト：私はタクヤを知っています。あの選手はよいです。私は野球が好きです。

(1) 一般動詞のある文なので，疑問文は〈Do＋主語＋一般動詞の原形～?〉の形。

(2) He is ～.「彼は～です」a new baseball player は「新しい野球選手」つまり「新人の野球選手」という意味になる。

(3) 直後の That player is good. という発言から，野球選手であるタクヤを知っていると考えられる。

(4)「あの選手はよいです」→「あれはよい選手です」の形にする。

(5) 一般動詞のある文の否定文は，動詞の前に don't[do not] を置き，一般動詞は原形にする。

# 7 名詞の複数形，How many ～?，some と any

**p.54～55** 基礎問題の答え

1 (1) notebooks　(2) apples　(3) wives
　(4) stories　(5) dishes　(6) women
　(7) pianos　(8) mice

**解説** 複数形にする場合，もとの語の終わりに注意する。

(1)「ノート」(2)「リンゴ」どちらも s をつけるだけ。

(3)「妻」fe で終わる語は fe を v にかえて -es をつける。

(4)「話，物語」〈子音字＋y〉で終わる語は y を i にかえて -es をつける。

(5)「皿」sh で終わる語は -es をつける。

(6)「女性」woman は不規則に変化して，women となる。

(7)「ピアノ」piano は -o で終わっているが，-s だけをつける。

(8)「ネズミ」mouse[máus マウス] も不規則に変化して mice[máis マイス] となる。

2 (1) イ　(2) ウ　(3) ウ

**解説** 複数形の -s[es] の発音には [ス][ズ][イズ] の3通りがある。

(1)「ぼうし」cap のように [p] や [f][k] の音のあとでは [ス] と発音する。

(2)「箱」box のように [s] や [z][ʃ][tʃ][dʒ] の音のあとでは [イズ] と発音する。

(3)「女の子」girl のように(1)(2)以外の場合は [ズ] と発音する。

3 (1) brothers　(2) songs　(3) books

**解説** 複数形になるのは1つ，2つ…と数えられる名詞である。

(1)「私には2人の兄がいます」two とあるので複数形にする。big brother「兄」

(2)「あなたは歌をたくさん知っていますか」空所の前に many「多くの」があるので複数形にする。

(3)「あなたは英語の本を（何冊か）持っていますか」any は「いくつかの」を表すから，books と複数形にする。

4 (1) many children
　(2) How many cars

**解説** 「何人の～」や「いくつの～」のように数をたずねるときは，〈How many＋名詞の複数形～?〉の形で表す。

(1) child の複数形は children。

(2) car の複数形は cars。

5 (1) some　(2) any　(3) some
　(4) any　(5) any　(6) some

**解説** some も any も「いくつかの」「いくらかの」の意味で，数えられる名詞にも数えられない名詞にもつくが，ふつう some は肯定文，any は疑問文・否定文で使う。

(1)「私には日本人の友だちが何人かいます」

(2)「あなたはネコを何匹か飼っていますか」

(3)「私は水が必要です」need「～を必要とする」

(4)「私には子どもが1人もいません」don't have any ～ で「～を少しも持っていない」の意味を表す。

(5)「カップに（いくらか）牛乳は入っていますか」

(6)「ポットに（いくらか）コーヒーがあります」

6 (1) many cakes, four
　(2) any，don't，any　(3) money
　(4) five persons[people]
　(5) How many knives

**解説** (1)「あなたは何個ケーキが見えますか」「4個（見えます）」「いくつの～」は〈How many＋名詞の複数形～?〉の疑問文で表す。通常，切り分けたケーキは数えられない名詞になるが，絵のように種類が異なる場合はその種類を数えていると考え，複数形にする。

(2)「ネコを飼っていますか」「いいえ、まったく飼っていません」not 〜 any を使って「1匹も飼っていない」という意味を表す。I don't have any (cats). と cats が省略されている。

(3)「私はお金を(いくらか)持っています」肯定文なので some を使う。money は数えられない名詞。

(4)「あなたは部屋の中に5人の人が見えます」person「人」は複数形では persons。ただし「人々」を表す people が使われることも多い。

(5)「あなたはナイフを何本持っていますか」「3本持っています」「いくつの〜」は〈How many＋名詞の複数形〜?〉の疑問文で表す。knife は複数形になると knives となる。

**1** (1) an　(2) any　(3) a　(4) some　(5) some
　　(6) an　(7) any

解説 (1)「私は英語の新聞を持っています」
newspaper が単数で English が母音で始まるので an が正解。

(2)「何か食べものを持っていませんか」「食べもの」という意味での food は数えられない名詞。疑問文なので any がつく。

(3)「これは新しいTシャツです」T-shirt が単数で new は子音で始まるので a が正解。

(4)「私はいくつかのテニスボールをかばんの中に持っています」tennis balls が複数形で肯定文なので some が正解。

(5)「私にはドアのところに数人の女性が見えます」women は複数形。肯定文なので some が正解。

(6)「おなかがすいています。私は(1つ)オレンジがほしいです」orange は単数で、母音で始まるので an。

(7)「私はお金がまったくありません」money は数えられない名詞。否定文なので any が正解。

**2** (1) mountains, rivers　(2) temples
　　(3) water　(4) bread　(5) mice, cats

解説 (1)「私はカナダ出身です。カナダにはたくさんの山や川があります」many「たくさんの」は数えられる名詞の複数形につくので mountain と river はどちらも複数形になる。

(2)「私は京都が好きです。私はそこでたくさんの寺を見ます」a lot of 〜 は「たくさんの〜」で、数え

られる名詞は複数形になる。temple「寺」

(3)「あなたはたくさん水を飲みますか」much「たくさんの」は数えられない名詞につく。water「水」は数えられない名詞なのでそのままの形。

(4)「あなたはパンは好きですか」「いいえ、好きではありません」bread「パン」は数えられない名詞。

(5)「私はネズミは好きではありません。私はネコが好きです」mouse「ネズミ」の複数形は mice。

**3** (1) many new cars
　　(2) don't have any caps
　　(3) a candy
　　(4) How many brothers do you have?
　　(5) Do you see any children in the park?

解説 (1)「新しい車が見えます」→「たくさんの新しい車が見えます」many「たくさんの」のあとにくる名詞は複数形。

(2)「私はぼうしをいくつか持っています」→「私はぼうしをまったく持っていません」some は否定文では any にかわる。

(3)「私はキャンディーを4つ持っています」→「私はキャンディーを(1つ)持っています」candies が単数形になるので a candy とする。

(4)「私には2人兄[弟]がいます」→「あなたには兄[弟]が何人いますか」数をたずねる疑問文は〈How many＋名詞の複数形〜?〉。

(5)「公園に何人か子どもが見えます」→「公園に何人か子どもが見えますか」some は疑問文では any にかわる。

**4** (1) ① your　② rackets
　　(2) I have a white racket and a red racket.
　　(3) あなたはラケットを何本か持っていますか。
　　(4) You have some rackets.

解説 全訳 フレッド：ケイト、君はテニスが好きかい。

ケイト：ええ、好きよ。毎週日曜日にテニスをしているわ。

フレッド：あれは君のテニスラケット?

ケイト：そうよ。2本持っているの。白いラケットと赤いラケットを持っているわ。あなたはラケットを持っているの?

フレッド：いや、持っていない。1本も持っていないんだ。ぼくもラケットがほしいな。

(1) ① 名詞の前だから your。② two がついている
ので複数形にする。
(2)「白いラケットと赤いラケット」は a white
racket and a red racket とどちらにも a をつける。
(3) have「〜を持っている」
(4) not any 〜 は「〜が1つもない」という意味。肯
定文にかえるので，not をとり any を some にする。

**5** (1) I have four oranges.
(2) How many birds do you see?
(3) I don't have any guitars.
(4) How about some pie?

解説 (1) オレンジは4個と複数なので単数形の
orange が不要。
(2) 数をたずねる文章なので any が不要。
(3)「1本も持っていない」という否定文なので not
any 〜 を使う。some が不要。
(4)「〜はいかがですか」と人にすすめるときには
some を使うので any が不要。

# 8 命令文

p.60〜61 基礎問題の答え

**1** (1) wake (2) Don't (3) Let's (4) Call

解説 (1)「ケン，起きなさい」「〜しなさい」と命令
する文は主語 you は使わない。
(2)「それを食べてはいけません」「〜してはいけな
い」は〈Don't ＋動詞の原形〜.〉で表す。
(3)「アイスクリームを食べようよ」「〜しましょう」
とさそう文は〈Let's＋動詞の原形〜.〉の形。
(4)「私に電話しなさい，ロビー」「〜しなさい」と
命令する文は動詞の原形で始める。呼びかけの語は
文の前と後ろ，どちらについてもかまわない。

**2** (1) Clean (2) be (3) Finish
(4) Please (5) please

解説 (1)「きれいにする」は clean。
(2) Bob は呼びかけ語。「注意する」は be careful。
(3)「終わらせる」は finish。
(4)「どうぞ〜してください」のようにていねいにい
うときは，文の前か終わりに please をつける。
(5) please を文の終わりにつけるときは，その前に
コンマをつける。

**3** (1) イ (2) イ

解説 (1)「〜しましょう」は〈Let's＋動詞の原形〜.〉。
ア「車を洗いなさい」 ウ「あなたは車を洗います」
(2) ア「放課後に図書館に行ってはいけません」
ウ「あなたは放課後に図書館に行きますか」

**4** (1) Let's, let's (2) sing, right
(3) Let's, let's not

解説 (1)(2) Let's 〜. のさそいに対する Yes, let's. や
All right. は決まった表現なので覚えておこう。
(3) Let's 〜. のさそいに対して「やめておこう」は
No, let's not. という。

**5** (1) Wash your hands.
(2) Please listen to me[Listen to me, please].
(3) Don't play games.
(4) Let's go to the restaurant.
(5) Play tennis here.

解説 (1)「あなたは手を洗います」→「手を洗いなさ
い」「〜しなさい」は動詞の原形で文を始める。
(2)「あなたは私の話を聞きます」→「私の話を聞い
てください」「〜してください」は please を命令
文の最初か終わりにつける。
(3)「あなたはゲームをします」→「ゲームをしては
いけません」「〜するな」と禁止するときは，
Don't を文頭に置く。
(4)「私たちはレストランに行きます」→「レストラ
ンに行きましょう」「〜しましょう」は文頭に Let's
を置く。
(5)「ここでテニスをしてはいけません」→「ここで
テニスをしなさい」「〜しなさい」は動詞の原形で
文を始める。

**6** (1) ビル，あなたは海で泳ぎます。
(2) ビル，海で泳いでください。
(3) ビル，海で泳ぎましょう。
(4) ビル，海で泳いではいけません。

解説 Bill はすべて呼びかけの語。
(1) ふつうの文。
(2) 動詞の原形で始まるのは命令文。
(3) let's で始まるのは「〜しましょう」とさそう文。
(4) don't で始まるのは「〜してはいけない」と禁止
する文。

**1** (1) Watch that movie.

(2) Play the piano for me

(3) Let's ride the bus.

(4) Don't speak in the room.

解説 (1)「〜しなさい」という命令文なので主語の you はつけずに動詞の原形で始める。you が不要。

(2)「ピアノを弾く」は play the piano。「〜のために」は for。let's が不要。

(3)「〜しましょう」は Let's 〜.。please が不要。

(4)「〜してはいけません」は Don't 〜. の形。do が不要。

**2** (1) listen to  (2) Don't touch

(3) Read this word

(4) Let's drink[have]

解説 (1)「私の話を聞く」は〈listen to＋me（目的格）〉で表すことができる。

(2) 禁止する場合は〈Don't＋動詞の原形〉で始める。「〜をさわる」は touch。

(3)「〜を読む」は read。

(4)「〜を飲む」は drink[have]。

**3** (1) ウ  (2) イ  (3) ア

解説 文中の名詞や前置詞・副詞などに注意して考える。

(1)「私の消しゴムを使ってはいけません」

(2)「教科書を開きなさい」

(3)「立ってください」

**4** (1) Wash your hands before lunch.

(2) Please give this to Mary.

(3) Please don't use this camera.

(4) Let's buy a new TV.

解説 (1)「昼食の前に手を洗いなさい」before は「〜の前に」の意味の前置詞。

(2)「これをメアリーにあげてください」

(3)「このカメラを使わないでください」

(4)「新しいテレビを（1台）買いましょう」

**5** (1) Don't swim here.

(2) Be quiet in the classroom.

(3) Let's go on a hike together.

(4) Please read the news
   [Read the news, please].

解説 (1)「〜してはいけません」という禁止の文は〈Don't＋動詞の原形〉で始める。

(2)「静かにする」は be quiet と表す。

(3)「いっしょに」は together。go on a hike で「ハイキングに行く」。

(4) please は文頭でも文末でもよい。

**6** (1) Please come to my house
   [Come to my house, please].

(2) Don't go out tonight.

(3) Let's watch TV after dinner[supper].

(4) Look at that picture.

解説 (1) ていねいな命令文なので please を文頭か文末につける。「〜へくる」は come to 〜。

(2) 否定の命令文は Don't 〜 で始める。「今夜」は tonight と表す。

(3)「テレビを見る」は watch TV。look at the TV とすると「ただテレビ本体を見つめる」のような意味になるため注意する。

(4)「〜を見る」は look at 〜。

**1** (1) newspapers  (2) water  (3) dogs

(4) songs

**2** (1) I have two sisters.

(2) How many apples do you want?

(3) I don't have any sons.

(4) How about some cakes?

**3** (1) some  (2) any  (3) some  (4) any

(5) any  (6) some

**4** (1) cities  (2) rain  (3) sheep

(4) knives  (5) some  (6) money

**5** (1) Please listen to me
   [Listen to me, please].

(2) Don't go there.

(3) Let's play soccer.

(4) Please play the piano ( for me )
   [Play the piano ( for me ), please]

**6** (1) ア  (2) ア  (3) ア  (4) ア  (5) イ

**7** (1) Please play the guitar.

(2) Let's walk to the station.

(3) How many cups do you have?

(4) Let's play the flute after school.

**8** (1) Practice the piano.

(2) Please be quiet.

(3) Let's watch the movie.

**解説** **1** (1)「あなたは英語の新聞を持っていますか」any のあとの数えられる名詞は複数形。

(2)「私はたくさんの水を飲みます」much は「たくさんの」の意味だが，water は数えられない名詞なので変化させない。

(3)「私は 3 匹のかわいい犬を飼っています」three とあるので複数形を用いる。

(4)「あなたはたくさんの日本の歌を知っていますか」a lot of は「たくさんの」を意味しているので複数形を用いる。

**2** (1) 数は two とわかっているので any が不要。

(2) 数をたずねる文章なので any が不要。

(3)「1 人もいない」という否定文なので not any ～ を使う。some が不要。

(4)「～はいかがですか」と人にすすめる文では some を使うので any が不要。

**3** some も any も「いくつかの」「いくらかの」の意味で，数えられる名詞にも数えられない名詞にもつくが，ふつう some は肯定文，any は疑問文・否定文で使う。

(1)「私は私の家でネコを飼っています」

(2)「あなたはイヌを飼っていますか」

(3)「私たちにはいくつかのバイオリンが必要です」

(4)「私は映画のチケットを 1 枚も持っていません」don't have any ～ で「～を少しも持っていない」の意味を表す。

(5)「カップの中に水が見えますか」

(6)「カップにいくらか牛乳があります」

**4** (1)「私たちの国にはたくさんの都市があります」many「たくさんの」のあとの名詞は複数形。

(2)「ここはたくさん雨が降ります」a lot of ～ は「たくさんの～」の意味だが，rain「雨」は数えられない名詞なので複数形にならない。

(3)「そこには何匹かのヒツジが見えます」some のあとの数えられる名詞は複数形。sheep「ヒツジ」は単数も複数も同じ形なので注意する。

(4)「私たちはナイフをまったく持っていません」any のあとの数えられる名詞は複数形。knife は knives となる。

(5)「みなさん，コーヒーがほしいですか」飲みものなどをすすめるような場合は，疑問文でも some を使う。

(6)「私はお金を少しも持っていません」money「お金」は数えられない名詞なので複数形にはならない。〈no＋名詞〉「～が少しもない」＝〈not any＋名詞〉

**5** (1) ていねいな命令文には文頭か文末に please をつける。

(2) 禁止の文は〈Don't＋動詞の原形〉。

(3) 相手をさそう文は Let's ～. の形。

(4) Please を使って，for me「私のために」をつけてもよい。

**6** (1)「野菜を食べなさい，マキ」「わかりました，お母さん」

(2)「私と一緒に映画館に行きましょう」相手をさそう場合は，動詞の原形の前に let's を置く。

(3)「ドアを開けてください」Please のあとは，動詞の原形を置く。

(4)「この庭で遊んではいけません」禁止の文は〈Don't＋動詞の原形〉で始める。

(5)「朝食をつくってください」命令する文は〈Please＋動詞の原形〉で始める。

**7** (1)「あなたはギターを弾きます」→「ギターを弾いてください」文のはじめか終わりに please を置く。文の終わりに置くときは，コンマで区切る。

(2)「私たちは駅まで歩きます」→「駅まで歩きましょう」さそう文にするには Let's ～. の形にする。

(3)「私はカップを20個持っています」→「あなたは何個カップを持っていますか」数をたずねる場合は，〈How many＋複数名詞～?〉の形にする。

(4)「私は放課後にフルートを吹きます」→「放課後にフルートを吹きましょう」相手をさそう場合は，動詞の原形の前に Let's を置く。

**8** (1) 命令文なので let's が不要。

(2) ていねいな命令文なので，let's が不要。

(3) Let's ～. の文章なので I が不要。

# 9 一般動詞の3人称単数現在形

**p.70〜71** 基礎問題の答え

**1** (1) runs　(2) starts　(3) sings
　　(4) throws　(5) takes　(6) washes
　　(7) watches　(8) goes　(9) cries
　　(10) has

**解説** 語尾が -s, -ss, -ch, -sh, -o, -x の語は -es をつけ, 語尾が〈子音字＋y〉の語は y を i にして -es をつける。have は has になる。
(1)「走る」　(2)「〜を始める」
(3)「歌う」　(4)「〜を投げる」
(5)「〜を取る」　(6)「〜を洗う」
(7)「〜を見る」　(8)「行く」
(9)「泣く」　(10)「〜を持っている」

**2** (1) speaks　(2) live
　　(3) goes　　(4) play

**解説** (1)「彼女は英語とフランス語を話します」She は3人称単数。
(2)「彼ら[彼女たち]は京都に住んでいます」live in 〜「〜に住む」
(3)「私の兄[弟]は図書館に行きます」My brother は3人称単数。
(4)「エミとケンはいっしょにテニスをします」主語の Emi and Ken は複数。

**3** (1) does not play　(2) doesn't make
　　(3) doesn't run

**解説** 主語が3人称単数のときの一般動詞の否定文は, 〈does not＋動詞の原形〉で表す。(2)(3)は空所の数に合わせ does not は短縮形の doesn't にする。
(1)「ケイトはバイオリンを弾きます」→「ケイトはバイオリンを弾きません」
(2)「彼は毎日昼食をつくります」→「彼は毎日昼食をつくりません」
(3)「そのイヌは速く走ります」→「そのイヌは速く走りません」

**4** (1) Does, have　(2) Does, sing
　　(3) Does, watch

**解説** 主語が3人称単数のときの一般動詞の疑問文は, Does で文を始め動詞は原形 (-(e)s でない形) を使う。

(1)「マイクはネコを3匹飼っています」→「マイクはネコを3匹飼っていますか」has の原形は have。
(2)「あなたの姉[妹]はじょうずに歌います」→「あなたの姉[妹]はじょうずに歌いますか」sings の原形は sing。
(3)「ルーシーはその映画を見ます」→「ルーシーはその映画を見ますか」watches の原形は watch。

**5** (1) ○　(2) ×　(3) ○

**解説** (2) make は語の終わりの発音が [k] なので [s] と発音。live は [z] と発音する。
(3) catch は語の終わりが [tʃ], push は語の終わりが [ʃ] と発音するのでどちらも [iz] となる。

**6** (1) Bill uses a blue pen.
　　(2) Does your brother play volleyball?
　　(3) What does Emi have in her desk?
　　(4) Ted doesn't play in the park in the morning.
　　(5) Does your father get up early?

**解説** (1)「私は青いペンを使います」→「ビルは青いペンを使います」主語 Bill が3人称単数なので use は uses にする。
(2)「あなたはバレーボールをしますか」→「あなたの兄[弟]はバレーボールをしますか」主語 your brother が3人称単数なので Does 〜？の文にする。
(3)「あなたは机に何を入れていますか」→「エミは机に何を入れていますか」主語 Emi が3人称単数なので does 〜？の文にする。主語に合わせて your も her にかえることに注意する。
(4)「私たちの子どもは朝公園で遊びません」→「テッドは朝公園で遊びません」主語 Ted が3人称単数なので doesn't にする。
(5)「あなたの両親は朝早く起きますか」→「あなたのお父さんは朝早く起きますか」主語 your father が3人称単数なので Does 〜？の文にする。

**7** (1) No, doesn't　(2) has

**解説** (1)「女の子はネコを持っていますか」「いいえ, 持っていません」主語が3人称単数なので doesn't。
(2)「女の子は何を持っていますか」「彼女はウサギを持っています」主語が3人称単数で現在の場合, have は has になる。

**1** (1) play, plays, play
  (2) speaks, speaks, speak
  (3) go, goes, goes

**解説** 主語の人称と数に注意する。
(1)「私はテニスをします。リサもテニスをします。私たちはいっしょにテニスをします」Lisa は3人称単数なので plays となる。
(2)「メアリーは英語を話します。トモコは英語と日本語を話します。彼女たちは英語で話します」Mary, Tomoko は3人称単数なので speaks となる。in English「英語で」
(3)「ケンとビルは毎日学校へ行きます。ケンは高校に行き，ビルは中学校に行きます」Ken and Bill は主語が複数なので go である。

**2** (1) Does, like, he doesn't, likes
  (2) uses  (3) Does, eat[have], does
  (4) doesn't make

**解説** 主語が3人称単数のとき，一般動詞は語尾に -(e)s がつく。また疑問文では Does，否定文では doesn't を使う。疑問文・否定文では，動詞に -(e)s はつかない。

**3** (1) Does, he does
  (2) Does, she doesn't, has
  (3) Do, do

**解説** (1) A「あなたのおじさんはスペインに住んでいますか」B「はい，住んでいます」主語は3人称単数。
(2) A「マキはペットを飼っていますか」B「いいえ，飼っていません。けれど彼女の祖母はネコを飼っています」主語が3人称単数。
(3) A「あなたは新しい自転車を持っていますか」B「はい，持っています」

**4** (1) He studies science at school.
  (2) Does Bill have a new computer?
  (3) Mike does not[doesn't] send a letter to his mother in America.
  (4) Does Cindy like dogs?
  (5) Does Ken play soccer every Sunday?

**解説** (1)「私は学校で理科を勉強します」→「彼は学校で理科を勉強します」主語が He になるので study を studies にかえる。

(2)「ビルは新しいコンピューターを持っています」→「ビルは新しいコンピューターを持っていますか」主語が Bill なので Does 〜? の疑問文になる。has は原形の have にかえる。
(3)「マイクはアメリカにいるお母さんに手紙を出します」→「マイクはアメリカにいるお母さんに手紙を出しません」主語が3人称単数の否定文は〈does not[doesn't]＋動詞の原形〉で表す。send「〜を送る」
(4)「はい。シンディーはイヌが好きです」→「シンディーはイヌが好きですか」Yes が答えなので，好きかどうかたずねる文にする。
(5)「ケンは毎週日曜にサッカーをします」→「ケンは毎週日曜にサッカーをしますか」Ken は3人称単数なので Does 〜? の疑問文にする。

**5** (1) Does your father cook on Sunday?
  (2) Tom does not like music.
  (3) He likes old movies.

**解説** (1) your father は3人称単数なので Does your father 〜? となる。do が不要。
(2) Tom は3人称単数なので Tom does not 〜. となる。likes が不要。
(3) he「彼」は3人称単数なので likes を使う。does が不要。

**6** (1) Does Mr. Sato teach English?
    — Yes, he does.
  (2) Pat does not[doesn't] live in Tokyo. She lives in Nagoya.
  (3) What does your brother have in the bag?
  (4) He has a coin in his hand.

**解説** (1) 主語が3人称単数のときの一般動詞の疑問文は〈Does＋主語＋動詞の原形〜?〉の形。
(2) 主語が3人称単数のときの一般動詞の否定文は〈主語＋does not[doesn't]＋動詞の原形〜.〉の形。
(3)〈What does＋主語＋動詞の原形〜?〉の形。
(4) コインは1枚なので a coin とする。

21

## 複数形のつくり方・一般動詞の -s，-es のつけ方

**p.74〜75　問題の答え**

**複数形のつくり方**

① (1) balls　(2) chairs
　 (3) dogs　(4) notebooks
② (1) boxes　(2) buses
　 (3) classes　(4) dishes
　 (5) watches　(6) tomatoes
③ (1) babies　(2) cities
　 (3) countries　(4) families
④ (1) knives　(2) leaves
⑤ (1) children　(2) feet　(3) men
　 (4) teeth　(5) women　(6) mice
⑥ (1) fish　(2) sheep

**一般動詞の -s，-es のつけ方**

① (1) calls　(2) comes　(3) cooks
　 (4) eats　(5) enjoys　(6) finds
　 (7) gets　(8) likes　(9) lives
　 (10) speaks　(11) stops　(12) needs
② (1) goes　(2) misses
　 (3) teaches　(4) washes
　 (5) watches　(6) mixes
③ (1) cries　(2) studies
④ (1) does　(2) has

# 10 人称代名詞

**p.78〜79　基礎問題の答え**

**1** (1) She　(2) them　(3) We
　 (4) him

**解説** (1)「こちらは私の姉 [妹] です。彼女はフラン
ス語を話します」動詞 speak に s がついているの
で主語は She を選ぶ。
(2)「マイクは本が好きです。彼はそれらを毎日読み
ます」前の books をさして「それらを」となる。
(3)「ナンシーと私は友だちです。私たちはよくテニ
スをします」動詞に s がついていないので She で
はなく We を選ぶ。
(4)「あなたは彼をよく知っていますか」動詞のあと
にくるのは目的格。

**2** (1) mine　(2) yours　(3) his
　 (4) hers　(5) ours　(6) theirs
　 (7) my　(8) its

**解説** 所有代名詞とは 1 語で「〜のもの」を表す語の
こと。1 つ 1 つ確実に覚えておく必要がある。
(3) his は所有格も所有代名詞も同じ形。

**3** (1) your，Mika's
　 (2) yours，his，mine
　 (3) him，Keita's friend

**解説** (1)「あなたの」は所有格で表す。人名を使った
「〜のもの」は〈人名＋'s〉の形で表す。
(2)「あなたのもの」「彼のもの」はどちらも所有代名
詞で表す。his は所有格も所有代名詞も同じ形なの
で注意する。「私のもの」は所有代名詞 mine で表す。
(3) 名詞を使った「〜の」は〈名詞＋'s〉の形で表す。

**4** (1) 私は彼女と彼女の姉 [妹] を知っています。
　 (2) 私の車は古くて，あなたのものは新しい。
　 (3) あの少年たちはだれですか。/ 私は彼らを
　　　知りません。

**解説** (1) she の目的格と所有格は同じ形。前の her
は目的格，あとの her は次に sister が続いている
ので所有格とわかる。
(2) my car と your car を比べた文で，一度出た言
葉を繰り返すのをさけて your car のことを yours
（あなたのもの）で表している。
(3) them は前に出た those boys をさしている。動
詞 know のあとなので目的格になっている。

**5** (1) hers　(2) yours　(3) His

**解説** (1)「これらは彼女の本です」→「これらの本は
彼女のものです」「彼女のもの」は hers。
(2)「あれはあなたのかばんですか」→「あのかばん
はあなたのものですか」「あなたのもの」は yours。
(3)「彼は新しい車を持っています」→「彼の車は新
しいです」「彼の」は his。

**6** (1) it is　(2) isn't，Maki's　(3) him，He

**解説** (1) A「これはケンのノートですか」B「はい，そ
うです」this は答えの文では it になる。
(2) A「このかばんはあなたのものですか」B「いいえ，
ちがいます。それはマキのものです」「マキのもの」
は Maki's で表す。

(3) A「彼を知っていますか」B「はい。彼はデイビッドです」know「〜を知っている」のあとが空所になっているので目的格の him を使う。

**1** (1) My　(2) He, His, him
　　(3) you　(4) me
　　(5) your, mine

解説 (1)「私のいとこたちは東京に住んでいます」あとに名詞がきているから My。
(2)「彼は私の友だちです。彼の名前はコウジです。あなたは彼を知っていますか」最後の選択肢は動詞 know のあとにきている。動詞のあとにくる場合は「〜を」という意味の目的格を使う。
(3)「あなたはコーヒーが好きですか」「いいえ，好きではありません」
(4)「私を助けてください」「もちろんです」
(5)「これはあなたのかばんですか」「はい，それは私のものです」

**2** (1) Who is that girl?
　　(2) What is he?
　　(3) What is this?
　　(4) What is that?

解説 (1)「あの女の子はメアリーの姉［妹］です」→「あの女の子はだれですか」「だれか」とたずねる文は Who is 〜?
(2)「彼は医者です」→「彼は何をしている人ですか」職業をたずねる文は What is 〜?
(3)「これは彼女のカメラです」→「これは何ですか」
(4)「あれは私の自転車です」→「あれは何ですか」「何か」をたずねる時は What is 〜?

**3** (1) this, yours　(2) hers, Jiro's
　　(3) mine, hers
　　(4) My, him
　　(5) your child, my brother's

解説 (1)「あなたのもの」は yours。
(2)「ジロウの〜」は Jiro's。
(3)「私のもの」は mine。「彼女のもの」は hers。
(4)「彼を」は him。
(5)「兄の〜」は brother's。

**4** (1) I am his brother.
　　(2) Do you know us?

(3) These are your eggs.
(4) This red car is ours.
(5) This guitar is theirs and that piano is mine.

解説 (1)「彼の」は his，目的格の him が不要。
(2) 動詞 know のあとには目的格を使う。we が不要。
(3)「あなたの」は your。所有代名詞の yours が不要。
(4)「私たちのもの」は ours，目的格の us が不要。
(5)「彼らのもの」は theirs。「私のもの」は mine。them が不要。

**5** (1) ア　(2) ウ　(3) ウ

解説 (1) A「これはあなたのかばんですか」B「いいえ。彼女のものです」B の文から，A の文を否定していることがわかる。
(2) A「これらの絵［写真］はあなたのものですか」B「いいえ，ちがいます。それらは私の母のものです」「あなたの絵［写真］ですか」という質問に対して They are my mother's. と答えているので，否定の No, they are not. が入る。
(3) A「彼を知っていますか」B「はい，知っています」

**1** (1) aren't　(2) study
　　(3) doesn't　(4) close[shut]
　　(5) has

**2** (1) don't, any pencils
　　(2) are, children[sons]
　　(3) Anne's, it
　　(4) am, are

**3** (1) Are they teachers?
　　(2) She learns French.
　　(3) How many bags do they have?
　　(4) These are his.
　　(5) I don't have any brothers[I have no brothers].
　　(6) They are my sisters.

**4** (1) How many books do you have?
　　(2) Does she have any friends in this town?
　　(3) These hats are Mari's.

(4) He does not play soccer in that park.
⑤ (1) We play the violin every day.
　(2) Do they read any newspapers?
　(3) We know these girls.
　(4) Those boys listen to the radio.
　(5) My brother is their English teacher.
⑥ (1) その木の近くの少女はだれですか？
　(2) このノートはあなたのものですか。
　(3) 彼はコーヒーをまったく飲みません。
⑦ (1) Boston, America
　(2) We are
　(3) 健康によいから
　(4)（好きな食べもの）すし
　　（好きな理由）両親が（ボストンの）日本食レストランで働いているから。

**解説** ① (1) 否定の短縮形。are の否定の短縮形は aren't.

(2) -(e)s がついた動詞を原形に戻す。

(3) does not の短縮形は doesn't.

(4) 反意語の関係。stand は「立つ」，sit は「すわる」。open は「開ける」，close[shut] は「閉める」。

(5) 主語が 3 人称単数の場合の動詞の形。have は has になる。

② (1)「私は鉛筆を 1 本も持っていません」否定文には any を使う。

(2)「彼らは私の子どもたちです」child「子ども」の複数形は children。「息子たちです」として，sons でもよい。

(3)「この自転車はアンのものですか」「はい，そうです」

(4)「私は日本人です。あなたたちはアメリカ人です」ここでの You は複数形。あとが形容詞なので be 動詞が入る。

③ (1)「彼らは先生です」→「彼らは先生ですか」疑問文にするには Are they ～？の形にする。

(2)「私たちはフランス語を習います」→「彼女はフランス語を習います」主語が 3 人称単数になるので，動詞 learn に s をつける。

(3)「彼ら[彼女たち]は 5 個かばんを持っています」→「彼ら[彼女たち]は何個かばんを持っていますか」数をたずねる文は How many ～？で，名詞は複数形を使う。

(4)「これらはジョンのカップです」→「これらは彼のものです」ジョンは男性名なので「彼のもの」を表す所有代名詞を使う。

(5)「私には何人か兄[弟]がいます」→「私には 1 人も兄[弟]がいません」「まったく～ない」は not any ～ で表す。not any ～ ＝no ～.

(6)「彼女は私の姉[妹]です」→「彼女たちは私の姉[妹]です」They が複数形なので，それに合わせて is を are に，sister を sisters にする。

④ (1)「いくつ～」は How many ～？の疑問文。How much ～？は「どれくらい～」と量をたずねる文。much が不要。

(2) 疑問文なので any を使う。some が不要。

(3)「これらのぼうし」は these hats と表すので，hat が不要。

(4) 主語が 3 人称単数の時，一般動詞の否定文は動詞の前に does not を置く。do が不要。

⑤ (1) play「～を弾く」を使う。楽器 violin の前には the をつけること。

(2) 一般動詞の疑問文は〈Do＋主語＋一般動詞の原型～？〉。

(3) girl を複数形にする。

(4)「～を聞く」は listen to ～。

(5)「彼らの英語の先生」は their English teacher となる。

⑥ (1) Who is / are ～で「～はだれですか」。

(2) yours「あなたのもの」を表す所有代名詞。

(3)「まったく～ない」not any ～ここでは「まったく飲まない」という意味になる。

⑦ **全訳** こんにちは，みなさん。私の名前はルーシーです。私はアメリカのボストン出身です。今は横浜の友だちの家に滞在しています。彼女の名前はチカです。彼女は14歳です。私も14歳です。私たちはよくいっしょにテニスをします。ところで，私は日本食が好きです。日本食はアメリカでとても人気があります。それは私たちの健康にとてもよいです。私の父と母はボストンの日本食レストランで働いています。だから私たちはすしが好きです。

(1) I'm from Boston, America. とある。

(2)「彼女は14歳です。私も14歳です」は「私たちは14歳です」となる。

(3) Japanese food is very popular in America.「日本食はアメリカでとても人気があります」の理由は，あとの It is very good for our health.「それは私たちの健康にとてもよいです」である。

(4)「好きな食べ物」については最後に So we like sushi.「だから私たちはすしが好きです」とある。「好きな理由」はその前の My father and mother work at a Japanese restaurant in Boston.「私の父と母はボストンの日本食レストランで働いています」である。so は前の文の内容を受けて「だから，それで」の意味を表すことを覚えておこう。

# 11 what, who, which, whose

**p.88〜89 基礎問題の答え**

**1** (1) What　(2) Whose　(3) Who
　　(4) What　(5) Which　(6) Who

**解説** 日本文の(1)「何を」，(2)「だれの」，(3)「だれが」，(4)「どの」，(5)「どちら」，(6)「だれ」の部分に着目して，疑問詞を選ぶ。

**2** (1) カ　(2) ウ　(3) ア　(4) オ　(5) イ

**解説** (1)「あなたは週末何をしますか」「私はテレビゲームをします」what は「何」なので，週末することを答えている文を選ぶ。
(2)「これらはだれの本ですか」「それらは私のものです」whose は「だれの」なので所有者を答える。mine は my books のこと。
(3)「あなたは何色が好きですか」「私は赤が好きです」〈what＋名詞〉で「何の，どんな」という意味になる。
(4)「あなたといっしょに学校へ行くのはだれですか」「タロウです」who は「だれが」だから，「人」を主語にして答えている文を選ぶ。
(5)「これとあれとではどちらがあなたのかばんですか」「このかばんです」Which is 〜，A or B? は「AとBではどちらが〜ですか」の問い。AかBを主語にして答えている文を選ぶ。this one = this bag「このかばん」で，one は1度出た語のくり返しをさけるために使われている。

**3** (1) Whose　(2) What　(3) Which

**解説** (1)「だれの」を表す疑問詞 whose。
(2)「何」を表す疑問詞 what。
(3)「どちらの」を表す疑問詞 which。

**4** (1) Who　(2) Whose

**解説** あとに名詞があれば，「だれの」の意味を表す whose を使う。
(1) A「あなたたちはだれですか」B「私たちはボブの姉［妹］です」
(2) A「これはだれのノートですか」B「ユミのものです」この Yumi's は「ユミのもの」という意味。

**5** (1) What, soccer　(2) Who, does
　　(3) Who, They

**解説** このような問題は答えの文の内容をよく考えるのが原則。
(1) A「あなたたちは校庭で何をしますか」B「私たちはサッカーをします」動詞 play から「何をするのか」という問いを推測できる。
(2) A「だれが店に行きますか」B「ユカが行きます」主語 Yuka から「だれが」という問いを推測できる。答えの文は問いの動詞を使わずに，3人称単数の主語に合わせて does を使う。
(3) A「あの生徒たちはだれですか」B「彼らは私の友だちです」〜 are my friends から「だれか」をたずねていると考える。

**p.90〜91 標準問題の答え**

**1** (1) Which　(2) What　(3) Whose
　　(4) What　(5) Which

**解説** (1)「どれが彼女の本ですか」「これらが彼女のものです」「これらが」と答えているから，Which を選ぶ。
(2)「毎朝あなたは何をしますか」「イヌの散歩をします」していることを答えているので What を選ぶ。
(3)「これはだれのカメラですか」「それは私の姉［妹］のものです」所有者を答えているので Whose を選ぶ。
(4)「あなたのおじさんは何ですか」「彼はパイロットです」「パイロット」と職業を答えている。職業をたずねるときは what を使う。who は名前や間柄をたずねるときに使う。
(5)「あなたはサッカーとテニスのどちらをしますか」「私はテニスをします」2つのものや2人の人を比べて A か B かたずねるときは which を使う。

**2** (1) What, It's　(2) Whose, It
　　(3) Who, They　(4) Which, mine［ours］

25

**解説** (1) A「あれは何ですか」B「病院です」答えの文から「何？」の対話と考える。

(2) A「この辞書はだれのものですか」B「それは私の母のものです」my mother's と所有者を答えているので「～はだれのもの？」の対話と考える。

(3) A「あの男の子たちはだれですか」B「彼らは私のクラスメートです」自分との間柄を答えているので「だれ？」という対話と考える。

(4) A「赤いのと白いの，どちらがあなた（たち）の車ですか」B「白いのが私（たち）のです」the red one or the white one? から「どちらが～？」の対話と考える。

**3** (1) Whose notebooks are these
[Whose are these notebooks]?
(2) Who plays video games?
(3) What does he have in his bag?

**解説** (1)「これらはだれのノートですか」「これらはトムのノートです」下線部から，所有者をたずねる疑問文にする。

(2)「だれがテレビゲームをしますか」「ケンがテレビゲームをします」下線部から「だれ」をたずねる疑問文にする。

(3)「彼はかばんに何を入れていますか」「彼はかばんにボールを入れています」下線部から「何」をたずねる疑問文にする。

**4** (1) Which cake do you want?
(2) What music does he listen to?
(3) What do you do on weekends?

**解説** (1)「どの」は「どちらの」ということで which を使う。「どの～」は〈which＋名詞〉。whose が不要。

(2)「どんな～」は〈what＋名詞〉で表し文の最初に置く。who が不要。「～を聞く」は listen to ～。

(3)「あなたは何をしますか」は What do you do で表す。あとの do は「（～を）する」という意味の一般動詞。「週末に」は on weekends で表し，文の最後に置く。which が不要。

**5** (1) イ (2) ア (3) ウ

**解説** (1)「だれが海で泳ぎますか」絵から「妹［姉］と私が泳ぎます」となる。do は swim の代わり。

(2)「どちらがボブですか」絵から「黒いぼうしの男の子です」となる。with a black cap「黒いぼうしをかぶって（いる）」

(3)「男の人は何の動物を飼っていますか」What animal「何の動物」絵から「彼はネコを飼っています」となる。

**6** (1) Which do you want, oranges [an orange] or apples [an apple]?
— I want apples [an apple].
(2) Who plays the guitar? — My brother does.

**解説** (1)「あなたはＡかＢのどちらを～するか」は Which do you ～，A or B? の文。答えの文はＡかＢかを答える

(2)「だれが～するか」は〈Who＋動詞の３人称単数現在形～?〉の文。

# 12 where, when, why

p.94～95 基礎問題の答え

**1** (1) Where is (2) Where are
(3) Where are (4) Where do

**解説** 「～はどこにありますか（いますか）」の文は Where is [are] ～? で表す。うしろにくる主語が単数か複数かで is [are] が決まる。

**2** (1) エ (2) オ (3) ア (4) ウ (5) イ

**解説** (1)「地図はどこにありますか」「それは机の上にあります」

(2)「ナンシーはいつお母さんを手伝いますか」「夕食後です」after ～「～のあとに（で）」

(3)「そのお祭りはいつですか」「８月10日にあります」August「８月」

(4)「彼らはどこで勉強しますか」「図書館で（勉強します）」They study in the library. の文の場所だけを答えた形。

(5)「あなたは夕食後何をしますか」「私は音楽を聞きます」What ～? には具体的に何をするのか答える。

**3** (1) あなたの学校はどこにありますか。
(2) なぜあなたは新しい自転車がほしいのですか。

**解説** (1) Where is ～? は「～はどこにありますか（いますか）」とたずねる文。

(2) why は「なぜ」の意味の疑問詞。

**4** (1) Where do, in
　(2) When does, Before
　(3) Where are, in

**解説** (1)「どこで〜しますか」は Where do[does] 〜？「〜（の中）で」は in 〜。
(2)「いつ〜しますか」は When do[does] 〜？で表す。主語が Tom なので does を使う。「〜の前」は before 〜。
(3)「どこにいますか（ありますか）」は〈Where is [are]＋主語？〉の形。Be 動詞で「いる（ある）」の意味になる。

**5** (1) Where do they practice soccer?
　(2) When does your mother make a cake?
　(3) Why do you go to America?

**解説** 疑問詞は文の最初に置き，そのあとに疑問文の語順が続く。
(1)「どこで〜しますか」は〈Where do[does]＋主語＋動詞の原形〜？〉の語順で表す。which が不要。
(2)「いつ〜しますか」は〈When do[does]＋主語＋動詞の原形〜？〉で表す。what が不要。
(3)「なぜ〜しますか」は〈Why do[does]＋主語＋動詞の原形〜？〉。when が不要。

**p.96〜97 標準問題の答え**

**1** (1) Where is　(2) Where does
　(3) Where are

**解説** 答えの文からいずれも「場所」をたずねていることがわかる。Where 〜？の文。
(1)「メアリーはどこにいますか」「彼女は台所にいます」
(2)「彼はどこに住んでいますか」「彼は小さな町に住んでいます」
(3)「子どもたちはどこにいますか」「彼らは木のそばにいます」

**2** (1) ケンの誕生日はいつですか。―９月20日です。
　(2) あなたの友だちはどこにいますか。―居間にいます。
　(3) なぜあなたはここにいるのですか。

**3** (1) When does your school start?
　(2) Where does she have lunch?
　(3) Where is her piano?
　(4) Why is he at the airport

**解説** 「いつ」「どこで（に）」「なぜ」を表す疑問詞はすべて文の最初に置く。

**4** (1) Where is the[a] ticket?
　(2) What fruit[food] do you eat every day?
　(3) When does she play the piano?
　(4) When is your birthday?

**解説** (1)「そのチケットはあなたのポケットにあります」→「そのチケットはどこにありますか」「ポケットの中に」という場所をたずねる疑問文にする。
(2)「私は毎日，リンゴを食べます」→「あなたは毎日，何のくだものを食べますか」〈what＋名詞〉「どんな〜」とたずねる疑問文にする。
(3)「彼女は朝にピアノを弾きます」→「彼女はいつピアノを弾きますか」「朝に」と時を表す語句から「いつ〜しますか」とたずねる文になる。
(4)「私の誕生日は７月４日です」→「あなたの誕生日はいつですか」「いつ」とたずねる疑問文。my を your にかえる。

**5** (1) Where, is　(2) Where, They, on

**解説** (1)「いすはどこにありますか」「ドアのそばにあります」by 〜 は「〜のそばに」の意味。
(2)「本はどこにありますか」「いすの上にあります」答えの主語は複数の they を使う。絵から本はいすの上にあるとわかる。

**6** (1) Where is Takashi now?
　(2) Where does your father read books[a book]? — He reads them[it] in his[the] room.
　(3) When do you do your homework?

**解説** (1)「どこにいますか」は Where is[are] 〜？「今」は now で表し，ふつう文の最後に置く。
(2)「どこで〜しますか」は Where do[does] 〜？主語が your father なので does を使う。答えの文は In his[the] room. と場所だけを答えてもよい。
(3)「あなたはいつ〜しますか」は When do you 〜？で表す。

# 13 What time is it?

**1** (1) ウ (2) ア (3) ウ (4) イ

**解説** (1) 時間を表す文の主語は it を使う。
(2) o'clock は「〜時」の意味で，ちょうどの時間のときに使う。It is six. といっても同じ。
(3)「〜時…分」は〈時間＋分〉の語順で表す。
(4)「何時に〜しますか」の文は〈What time do [does]＋主語＋動詞〜?〉の形。he は 3 人称単数なので does になる。

**2** (1) 7, 00 (2) 12, 15 (3) 3, 30
(4) 1, 25 (5) 6, 59

**3** (1) four o'clock[just four] (2) twelve ten
(3) one forty-five
(4) three twenty-six
(5) seven thirty-nine

**解説**「4」は four だが，「40」は forty とつづる。つづりに注意する。forty-five, twenty-six, thirty-nine などはハイフンでつなぐ。

**4** (1) What time, it (2) It's, in
(3) it (4) about[around]

**解説** 時刻や天候を表す文の主語は it を使う。
(2)「午前〜時です」は〈It is＋時刻〉のあとに，in the morning をつける。
(4)「〜時ごろ」は about または around で表す。

**5** (1) What time do you
(2) What time does he eat
(3) What time does your father take

**解説** (1) you は 3 人称単数ではないので does が不要。
(2)「何時に〜しますか」は〈What time do[does]＋主語＋動詞〜?〉の形なので when が不要。「食べる」は eat。
(3)〈What time do[does]＋主語＋動詞〜?〉で動詞は原形なので takes が不要。「風呂に入る」は take a bath。

**6** (1) 今日は何曜日ですか。―月曜日です。
(2) 今日は何月何日ですか。― 5 月 20 日です。

**解説** どちらも決まった表現なので覚えておこう。

**1** (1) just (2) What, at eleven
(3) nine thirty (4) Yes, does

**解説** (1) A「何時ですか」B「ちょうど 7 時です」「ちょうど」は just。
(2) A「あなたは何時に寝ますか」B「私は11時に寝ます」go to bed「寝る，床につく」
(3) A「あなたは 8 時に電車に乗りますか」B「いいえ。私は 9 時半に電車に乗ります」
(4) A「あなたのお父さんは 7 時半に帰宅しますか」B「はい，します」come home「帰宅する」

**2** (1) エ (2) ウ (3) ア (4) イ

**解説** (1)「何時ですか」「7 時20分です」ア，オは at があるので使えない。
(2)「今日はくもりですか」「いいえ，ちがいます。晴れです」cloudy は「くもりの」。答えの文の sunny は「晴れの」。
(3)「彼は何時に起きますか」「7 時半 [30分] です」at を使って時刻を答える。He gets up at seven thirty. の He gets up を省略した答え方。
(4)「今日は暑いですか」「いいえ，暑くありません。寒いです」hot「暑い」。答えの文の cold は「寒い」。

**3** (1) What is the date tomorrow?
(2) What time do you get to your office?

**解説** (1)「明日の日付は何日ですか」
(2)「あなたはオフィスに何時に着きますか」get to 〜「〜に着く」

**4** (1) What time is it?
(2) What time do you have breakfast every day?
(3) What time does your father usually come home?
(4) What time does he finish his homework?

**解説** (1)「3 時です」→「何時ですか」three o'clock は「3 時」だから時間をたずねる文にする。
(2)「私は毎日 7 時に朝食を食べます」→「あなたは毎日何時に朝食を食べますか」
(3)「私の父はたいてい 8 時20分に帰宅します」→「あなたのお父さんはたいてい何時に帰宅しますか」

(4)「彼は 9 時半 [30分] ごろに宿題を終えます」→「彼は何時に宿題を終えますか」

**5** (1) it (2) What (3) time

解説 (1) A「今日は何曜日ですか」B「日曜日です」曜日をたずねる表現では主語に it を用いる。
(2) A「あなたは何時に起きますか」B「私は 7 時に起きます」「何時に〜しますか」という表現では What time で文を始め，〈do[does]＋主語＋動詞〜?〉と続ける。
(3) A「何時ですか」B「10時です」時刻をたずねる表現では What time で文を始め，主語に it を用いる。

**6** (1) What time does your school start?
(2) What day is (it) today? — It's Tuesday.
(3) What time does that[the] TV program end?
(4) It is[It's] just eight (o'clock). The movie starts at eight.
(5) I eat lunch at about[around] one.

解説 (1)「何時に」は what time。your school は 3 人称単数だから does を使うこと。はっきりとした時刻ではなく「いつ〜?」と時間をたずねるときには When 〜? を使う。
(2) 答えの文の主語も it を使う。
(3)「何時に」は what time。
(4)「ちょうど」は just。
(5)「〜時ごろ」は about[around]。

# 14 how

p.106〜107 基礎問題の答え

**1** (1) How (2) How (3) many
(4) tall (5) far

解説 (1)「あなたのおじいさんは何歳ですか」How old 〜?「〜は何歳ですか」
(2)「あなたはどうやって学校に来ますか」How do you 〜?「あなたはどうやって〜しますか」
(3)「あなたは兄弟が何人いますか」brother は数えられる名詞なので many。How many 〜? は数をたずねる文。
(4)「あなたのお母さんの身長はどれくらいですか」How tall 〜? は背の高さをたずねる表現。
(5)「あなたの学校はここからどれくらい遠いですか」How far 〜? は距離をたずねる表現。from here「ここから」とあるのがヒント。

**2** (1) ウ (2) ア (3) イ (4) ア (5) ウ

解説 (1)「あなたは何歳ですか」「私は14歳です」How old 〜? の質問には 〜 years old を使って年齢を答える。
(2)「あなたはどうやって学校へ行きますか」「私はバスで学校へ行きます」How do you 〜? には方法や手段を答える。by bus「バスで」
(3)「このサンドイッチはいくらですか」「300円です」How much 〜? には値段を答える。
(4)「あなたはどれくらいの時間寝ますか」「私は 7 時間寝ます」How long 〜? には for を使って「〜の間」と期間を答える。
(5)「お元気ですか，ブラウンさん」「元気です，ありがとう」あいさつの決まった表現。

**3** (1) old, years (2) much
(3) How high, high

解説 (1)「マークは何歳ですか」「彼は13歳です」
(2)「このカメラはいくらですか」「 3 万円です」
(3)「あの山の高さはどれくらいですか」「2,000フィートです」山などの高さは How high 〜? でたずねる。

**4** (1) How old is your brother?
(2) How long is this river?
(3) How many flowers does Maki have?

**解説** (1)「〜は何歳ですか」は How old 〜? の形。

(2)「〜の長さはどれくらいですか」は How long 〜? の形。

(3)「どれくらい（の数）〜ですか」は How many 〜? の形。

**5** (1) 今日の天気はどうですか。

(2) 私は野球が好きです。あなたはどうですか。

(3) この電車はどれくらいの長さですか。

**解説** (3) How long 〜? はものの長さをたずねる場合にも使う。

---

**p.108〜109　標準問題の答え**

**1** (1) エ　(2) ウ　(3) ア　(4) イ　(5) オ

**解説** How のあとの形容詞で何をたずねているかを考える。

(1)「彼女の身長はどれくらいですか」「彼女は 3 フィート 8 インチです」How tall 〜? は身長をたずねる表現。

(2)「彼は何歳ですか」「彼は29歳です」How old 〜? は年齢をたずねる表現。

(3)「あなたは何人姉妹がいますか」「私は 2 人姉妹がいます」How many 〜? は数をたずねる表現。

(4)「このバスはどれくらいの長さですか」「10 メートルです」How long 〜? は物の長さをたずねる表現。

(5)「あなたはどれくらい時間が必要ですか」「だいたい30分です」How much time 〜? は時間の長さ（量）をたずねる表現。

**2** (1) How old　(2) How do, like

(3) How tall　(4) How much is

**解説** 何をたずねる文なのか考え、How の後の単語を考える。

**3** (1) far　(2) How, by　(3) many

**解説** (1) A「ここから駅までどれくらい距離がありますか」B「約 5 キロあります」B の発言から距離をたずねているとわかる。

(2) A「あなたはどうやってその街へ行きますか」B「バスで行きます」交通手段はふつう〈by＋乗り物名〉で表す。

(3) A「あなたはぼうしを何個持っていますか」B「約 20 個です」B の発言から数をたずねているとわかる。

---

**4** (1) Bill is fifteen <u>years</u> old.

(2) How <u>often</u> does Jim come here?

(3) How <u>high</u> is Mt. Fuji?

(4) How <u>many</u> students do you have in your class?

**解説** (1)「〜歳です」は 〜 years old で答えるので years を加える。

(2)「ひんぱんに」を表す often を加える。

(3) 山の高さをたずねるには How high 〜? を使うので high を加える。

(4) 数をたずねるには How many 〜? を使うので many を加える。

**5** (1) How old is your sister?

(2) How many lessons do you have on Monday?

(3) How does Jane come to school?

**解説** (1)「私の姉［妹］は 8 歳です」→「あなたの姉［妹］は何歳ですか」年齢をたずねるには How old 〜? の文にする。

(2)「私たちは月曜には 5 コマ，授業があります」→「あなたたちは月曜にはいくつ授業がありますか」数をたずねるには How many 〜? の文にする。lesson「授業」

(3)「ジェーンは電車で学校に来ます」→「ジェーンはどうやって学校に来ますか」手段・方法をたずねるには How do［does］〜? の文にする。

**6** (1) How do you do? [Nice to meet you.]

(2) How many English classes [lessons] do you have in a week?

(3) How much is this watch?

**解説** (1) Nice to meet you. でもよい。How do you do? は初対面の人とかわすあいさつ。これには同じように How do you do? と応じる。

(2)「いくつ英語の授業がありますか」と考え、数をたずねる How many を使って How many English classes [lessons] 〜? とする。

(3)「〜はいくらですか」は〈How much＋be 動詞＋主語 ?〉で表す。

# 数の表し方

p.110〜111 問題の答え

**①** (1) 9　(2) 11　(3) 3　(4) 15　(5) 8
(6) 20　(7) 30　(8) 14　(9) 16

**②** (1) two　　　　(2) seventeen
(3) eighty　　　(4) twelve
(5) eighteen　　(6) sixty-nine
(7) forty　　　(8) thirty-five
(9) fifty-one

**③** (1) 4番目（の）　　　(2) 18番目（の）
(3) 最初［1番目］（の）　(4) 5番目（の）
(5) 30番目（の）

**④** (1) the third　　(2) the twelfth
(3) the forty-second
(4) the sixtieth　(5) the ninetieth

**⑤** (1) thirteen　(2) ninety　(3) fifteen
(4) fifty-four　(5) twelve

**⑥** (1) 11月　(2) 木曜日　(3) 5月
(4) 12月　(5) 3月　(6) 秋

**⑦** (1) Saturday　　(2) October
(3) summer　　(4) September
(5) Wednesday　(6) January

**解説** (3) 季節名は小文字で始める。

**⑧** (1) fourth　　(2) August
(3) Monday　(4) sixth

**解説** 欧米では日曜日を週の始めとするのが一般的。
(1)「4月は1年の4番目の月です」
(2)「1年の8番目の月は8月です」
(3)「月曜日は週の2番目の日です。火曜日は3番目です」
(4)「週の6番目の日は金曜日です」

**⑨** (1) It is Sunday today.
(2) It is November 15th [the 15th of November] today.

**解説** (2) 15th の th はつけなくてもよい。

**⑩** (1) Yes, it is.
(2) No, it is not [isn't].
(3) It is [It's] February.
(4) It is [It's] Thursday.

**解説** (1)「7月は1年の7番目の月ですか」「はい，そうです」
(2)「水曜日は週の最初の日ですか」「いいえ，ちがいます」
(3)「1年の2番目の月は何ですか」「2月です」
(4)「水曜日の次の日は何ですか」「木曜日です」

p.112〜115 実力アップ問題の答え

**1** (1) old　　(2) Where　(3) much
(4) What　(5) do　　(6) What
(7) do

**2** (1) キ　(2) カ　(3) オ　(4) イ
(5) ウ　(6) エ　(7) ア

**3** (1) Where are　　(2) When does
(3) How, weather　(4) What day, it

**4** (1) What time is it in Paris now?
(2) It's eight at night.
(3) Which bag do you want?
(4) How do you like Kyoto?
(5) Where does your mother buy vegetables?

**5** (1) What time is it?
(2) How old is this building?
(3) Where is my picture?

**6** (1) How many CDs do you have?
(2) I like spring. How about you?
(3) How deep is this pool?

**7** (1) They are[They're] on the desk.
(2) It is[It's] Yumi's.
(3) It is[It's] on the desk.
(4) A rabbit is.

**8** (1) tennis
(2) Where do you play baseball today?

31

(3) ① Mr. Tanaka[He] plays baseball and tennis.

② It begins at three (o'clock).

(4) ア…× イ…○ ウ…○ エ…×

**解説** 1 (1)「トムは何歳ですか」「彼は13歳です」応答から年齢(ねんれい)をたずねているとわかる。

(2)「あなたの車はどこですか」「むこうにあります」応答から場所をたずねているとわかる。

(3)「この本はいくらですか」「3,000円です」応答から値段をたずねているとわかる。

(4)「8月の次にくるのは何月ですか」「9月です」after は「~のあと[次]に」。

(5)「あなたはその店にはどうやって行きますか」「電車で行きます」応答から,手段・方法をたずねているとわかる。

(6)「あなたはたいてい何時に寝ますか」「私はたいてい11時に寝ます」応答から時刻をたずねているとわかる。

(7)「気分はいかがですか」「元気です」How do you feel? は調子をたずねる表現。

2 (1)「これはだれの本ですか」「私のものです」

(2)「あなたの兄[弟](の職業)は何ですか」「彼はパイロットです」

(3)「どちらの車があなたのですか」「あの赤いのです」

(4)「このコートはいくらですか」「200ドルです」

(5)「あなたは何匹(ひき)イヌを飼っていますか」「3匹です」

(6)「彼女はどうやってプールに行きますか」「歩いて行きます」on foot で「歩いて」の意味。

(7)「元気ですか」「私は元気です」

3 (1)「~はどこですか」は Where is[are] ~? で表す。ここでは~にあたる部分が複数形なので,are を使う。

(2)「いつ」は When。主語が単数形なので,does を使う。

(3) How is the weather today? は天気をたずねる表現。

(4) What day is it? は曜日をたずねる表現。

4 (1)「何時ですか」とたずねるには What time is it? を使う。it を加える。

(2) Eight at night. だけでもよいが,1語加える条件なので短縮形の It's を加える。

(3)「どちらの」は Which ~ で表すので Which を加える。

(4)「~はいかがですか」は How do you like ~? で表す。気に入ったかどうか感想をたずねる表現。How を加える。

(5)「どこで~しますか」は〈Where+do[does]+主語+動詞の原形~?〉で表すので,Where を加える。

5 (1) 時間をたずねる文をつくる。

(2) どれだけ古いかたずねる文をつくる。建物にも How old ~? を使うことができる。

(3)「私の写真はどこですか」の文にする。

6 (1) 数をたずねるので How many ~? とする。

(2)「あなたはどうですか」How about you? は決まった表現なので覚えておこう。How do you like spring? でもよい。

(3) 深さをたずねる文は How deep ~? の形。

7 (1)「本はどこにありますか」「机の上にあります」「~の上に」は on ~ で表す。

(2)「そのノートはだれのものですか」「ユミのものです」

(3)「花びんはどこにありますか」「机の上にあります」

(4)「何が机の下にいますか」「ウサギがいます」

8 **全訳** ケン:やあ,エミ。

エミ:こんにちは,ケン。

ケン:エミ,ぼくたちは今日野球の試合があるんだ。英語のタナカ先生も野球をするんだよ。

エミ:いいわね。先生は野球がとてもじょうずなの?

ケン:そうだよ。先生はとてもじょうずな選手だよ。

エミ:先生はテニスもとてもじょうずよ。私たちのクラブのメンバーと毎日テニスをするわ。いい先生よ。今日はどこで野球をするの?

ケン:公園だよ。3時に始まるんだ。

エミ:今2時30分よ。私といっしょに来ますか?

ケン:わかった。じゃあ行こう。

(1) 文脈から,話しているのは「テニス」のこと。

(2)「どこで~」は Where ~? で表す。Where のあとに一般動詞の疑問文の形を続ける。

(3) ①「タナカ先生は何のスポーツをしますか」

②「野球の試合は何時に始まりますか」

(4) ア「ケンは今日バスケットボールをします」本文で「ぼくたちは今日野球の試合があるんだ」といっているので×。 イ「タナカ先生は野球をじょうずにします」本文で「先生はとてもじょうずな選手だ

よ」といっているので○。　**ウ**「エミはテニス部のメンバーです」本文で「先生はテニスもじょうずにできるわよ。毎日私たちのクラブのメンバーとテニスをするわ」とあるので，エミがテニス部だとわかる。　**エ**「タナカ先生はテニスがあまりじょうずではありません」本文で「先生はテニスもとてもじょうずよ」といっているので×。

# 15 can

p.118～119　**基礎問題**の答え

**1** (1) ウ　(2) イ　(3) ア

**解説** 「～できる」は〈can＋動詞の原形〉で表す。can のあとの動詞はいつも原形で，can は主語が3人称単数であっても形が変化しない。

**2** (1) Can you run fast?
　(2) Can your brother ride
　(3) Can you use this computer?
　(4) Who can swim
　(5) What can you see
　(6) Which one can I take?

**解説** 「～できますか」という疑問文は〈Can＋主語＋動詞の原形～?〉で表す。
(1)(3)「あなたは～できますか」は Can you ～? の形。
(4)「だれが～できますか」は Who can ～? の形。
(5)(6) what や which のような疑問詞はいつも文頭に置く。

**3** (1) cannot[can't] play
　(2) cannot[can't] see
　(3) cannot[can't] drive

**解説** 「～できない」は〈cannot[can't]＋動詞の原形〉で表す。
(1)「ブラウンさんはギターがじょうずに弾けます」→「ブラウンさんはギターがじょうずに弾けません」
(2)「私たちはここから琵琶湖が見えます」→「私たちはここから琵琶湖が見えません」
(3)「私の母は車の運転ができます」→「私の母は車の運転ができません」

**4** (1) ウ　(2) イ　(3) ア　(4) エ

**解説** (1)「彼はスキーがじょうずにできますか」「はい，できます。彼はスケートもできます」
(2)「彼女はニンジンを食べられますか」「いいえ，食べられません。彼女はトマトも食べられません」
(3)「あなたの机を借りてもいいですか」「どうぞ」
(4)「彼ら[彼女たち]は私たちと遊べますか」「はい，遊べます」

**5** (1) あなたは何のスポーツができますか。― 私はバスケットボールができます。
　(2) ボブはどちらの本を読めますか。―彼はこの本が読めます。
　(3) だれの辞書を借りられますか。―トムのものを借りられます。

**解説** (1) what sport「何のスポーツ」
(2) which book「どちらの本」
(3) whose dictionary「だれの辞書」

p.120～121　**標準問題**の答え

**1** (1) Ron can speak Japanese and French.
　(2) My sister cannot[can't] help us.
　(3) Can Tom use this computer?
　(4) What can Jane play?

**解説** (1)「ロンは日本語とフランス語を話します」→「ロンは日本語とフランス語が話せます」can のあとの動詞は原形になる。
(2)「私の姉[妹]は私たちを手伝えます」→「私の姉[妹]は私たちを手伝えません」can の否定文は〈cannot[can't]＋動詞の原形〉で表す。
(3)「トムはこのコンピューターが使えます」→「トムはこのコンピューターを使えますか」can の疑問文は can を主語の前に置く。
(4)「ジェーンはギターが弾けます」→「ジェーンは何が弾けますか」

**2** (1) Yes, she can.
　(2) No, he cannot[can't].
　(3) She can play tennis.
　(4) Bob can ( run fast ).

**解説** Can ～? には can を使って答える。
(1)「メアリーは歌えますか」「はい，歌えます」
(2)「ケンはじょうずにスケートができますか」「いいえ，できません」
(3)「ヨウコは何のスポーツができますか」「彼女はテニスができます」

(4)「だれが速く走れますか」「ボブです」

**3** (1) can play　(2) can run

**解説** (1)「ケンはよいサッカー選手です」=「ケンはとてもじょうずにサッカーをすることができます」
(2)「スミスさんは速い走者です」=「スミスさんは速く走ることができます」

**4** (1) Tom and Bob <u>can</u> play baseball very well.
(2) <u>Can</u> you read American magazines?
(3) <u>Can</u> you make a pie for us?
(4) <u>Who</u> can play the violin?

**解説** (1)「～できます」は can を使って表すので, can を加える。
(2)「あなたは～できますか」は Can you ～? で表すので, Can を加える。
(3)「～してくれますか」という依頼は Can you ～? で表すので, Can を加える。
(4)「だれが」は who で表すので Who を加える。

**5** (1) Can, we　(2) Where, can see
(3) she cannot[can't]

**解説** (1) A「あなたとあなたの兄[弟]は今日ここにいることができますか」B「はい, できます」you and your brother を返答のときに代名詞1語で表すと we。
(2) A「私たちはどこでその鳥を見ることができますか」B「オーストラリアで見ることができます」答えに in Australia があるので「場所」についての対話。
(3) A「メアリーは日本語をじょうずに書けますか」B「いいえ, 書けません」No と答えているので, cannot[can't] を使う。

**6** (1) Can you open this box?
(2) Can[Could / Would] you help me with my homework?
(3) Keiko cannot[can't] go with us.
(4) Who can sing this English song?

**解説** (2)「…（人）が～するのを手伝う」は〈help …（人）with ～〉で表す。
(4) who が主語のときは肯定文の語順。「歌を歌う」は sing a song。

# 16 いろいろな文

**p.124～125　基礎問題の答え**

**1** (1) are　(2) is　　(3) many
(4) any　(5) much　(6) a lot of

**解説** There is[are] につづく語句が単数か複数かを確認する。
(1)「ドアのそばにイヌが2匹（ひき）います」
(2)「向こうに背の高い少年が（1人）います」
(3)「私たちの学校にはたくさんの先生がいます」teachers がつづいているので複数を表す many を選ぶ。
(4)「机の上にはペンが1本もありません」否定文の時は any。
(5)「その中には水がたくさんあります」water は数えられないので量が多いというときに使う much を選ぶ。
(6)「箱の中にはたくさんのオレンジがあります」a lot of ～ は「たくさんの～」の意味。

**2** (1) Are, are　　(2) Is, a, isn't
(3) there, there is　(4) any, aren't

**解説** (1)(3)「～がありますか」は There is[are] ～? の is, are を there の前に出して疑問文にする。答えるときは there is[are] を使って答える。
(2) guitar が単数なので Is there ～?　guitar の前には「1本の」の意味で a をつける。
(4) 疑問文なので, some ではなく any を使う。

**3** (1) よいレストランがあります
(2) この部屋には学生は1人もいません。

**解説** 〈There is[are] ～＋場所を表す語句.〉の形で「…に～があります[います]」という意味になる。
(1) restaurant「レストラン」
(2) not any ～ で「1人の[1つの]～もない」

**4** (1) look　(2) doesn't, tired
(3) looks old

**解説** 「～のように見える」は〈look＋形容詞〉で表す。look は主語に合わせて変化させる。
(1)「楽しい」は happy
(2)「～のように見える」の否定形は look の前に don't [doesn't] を置く。

34

(3)「年を取っている」は old。

5 (1) There are six cups on the table.
(2) There aren't any trees in the park.
(3) That girl looks very kind.

解説 (1) 場所を表す語句は文の最後に置く。
(2)「…に〜が1つもない」は There aren't[are not] 〜 .... で表す。
(3) kind は「親切な」という意味の形容詞。

6 (1) There is a cat under the chair.
(2) There are no eggs[There is no egg] in the box

解説 「…に〜があります[います]」=〈There is[are] 〜＋場所を表す語句 .〉
(1)「いすの下に」は under the chair。文の最後に置く。
(2) no 〜 は「1つも〜ない」の意味。There is no＋名詞の単数形と There are no＋名詞の複数形が可能。

p.126〜127 標準問題の答え

1 (1) There is    (2) There are    (3) Are, any
(4) looks new    (5) are there

解説 (3)「何か」は any で表す。
(4) Which bike が主語の文なので次に動詞の look が入る。bike は単数なので動詞には s をつけることに注意する。
(5)「いくつの[何人の]〜がありますか[いますか]」と数をたずねるときは〈How many＋複数形＋are there ... ?〉の形で表す。

2 (1) There are three children in this room.
(2) Is there a cap on the bed?
(3) There are not[aren't] any clouds in the sky.
(4) How many boys are there over there?

解説 (1)「この部屋には子どもが1人います」→「この部屋には3人の子どもがいます」複数なので is を are に変える。child の複数形は children。
(2)「ベッドの上にぼうしがあります」→「ベッドの上にぼうしがありますか」
(3)「空に雲がいくつかあります」→「空に雲が1つもありません」There are no clouds[There is no cloud] in the sky. と表すこともできる。

(4)「向こうに5人の男の子がいます」→「向こうに何人の男の子がいますか」数をたずねるときは〈How many＋複数形＋are there ... ?〉の形で表す。

3 (1) There, in    (2) no

解説 (1)「この街は大きな美術館を持っています」=「この街には大きな美術館があります」と考える。〈There is[are] 〜＋場所を表す語句 .〉の形にする。museum「美術館, 博物館」
(2)「その家には窓が1つもありません」not any 〜 = no 〜

4 (1) イ    (2) カ    (3) ウ    (4) ア    (5) エ

解説 (1)「この近くに病院がありますか」「はい, あります」Is there 〜? の問いには there is を使って答える。
(2)「校庭に少年が何人かいますか」「いいえ, いません」Are there 〜? の問いには Yes / No で there are[aren't] を使って答える。
(3)「あなたの部屋には何枚の CD がありますか」「約20枚あります」How many 〜? は数をたずねる疑問文なので数字を答えているウを選ぶ。about「およそ, 約」, twenty「20（の）」
(4)「その男の子たちはどこにいますか」「公園にいます」特定の人やものを指して「いる[ある]」というときは There is[are] 〜. は使わないので注意する。
(5)「ケンは眠そうですか」「はい, 眠そうです」Does 〜? には does を使って答える。

5 (1) How many people are there in the library?
(2) Is there anything on the desk?
(3) This cake looks very delicious.

解説 (1)「何人の」と数をたずねるときは〈How many＋複数形＋疑問文の語順〜?〉の形になる。
(2) anything「何か」の意味で単数扱いなので Is there anything 〜? の語順になる。
(3)「〜そうです」→「〜に見える」は〈look＋形容詞〉の語順。

6 (1) Yes, there is.
(2) There are two (bags).
(3) It is[It's] on the bed.

解説 (1)「コンピューターは机の上にありますか」「はい, あります」絵から Yes の答えとなる。

35

(2)「かばんはいくつありますか」「2つあります」How many 〜 are there? という問いには〈There are＋数字 .〉で答える。

(3)「ネコはどこにいますか」「ベッドの上にいます」the cat は答えの文では it を使って〈It is＋場所を表す語句 .〉で答える。

# 17 現在進行形

p.130〜131 **基礎問題の答え**

**1** (1) reads　　　(2) is reading
　　(3) doesn't read　(4) isn't reading

**解説** (1) 習慣を表しているので，現在形の文。主語が3人称単数のとき動詞の語尾に -(e)s がつく。

(2)「〜しています」だから現在進行形の文。〈be 動詞＋動詞の -ing 形〉で表す。

(3) 習慣を表しているから現在形の否定文。

(4) 進行形の否定文は〈be 動詞＋not＋動詞の -ing 形〉。is not は isn't，are not は aren't の短縮形がよく使われる。

**2** (1) writing　(2) singing
　　(3) running　(4) studying
　　(5) lying　　(6) visiting

**解説** e で終わる動詞は e をとって -ing をつける。〈短母音＋子音字〉で終わる動詞は子音字を重ねて -ing をつける。それ以外はそのまま -ing をつける。

(5) lie は不規則変化の動詞。lying となる。

(6) visit は語の終わりが〈短母音＋子音字〉だが，そのまま -ing をつける。

**3** (1) are　(2) are　(3) is　(4) are

**解説** (1)「彼ら［彼女たち］はテレビゲームをしています」主語が複数なので are になる。

(2)「私たちはラジオを聞いています」主語が複数なので are になる。

(3)「ジョンは新聞を読んでいます」の意味。主語が3人称単数だから is になる。

(4)「ケンとユカはテレビを見ています」主語が A and B なので複数形。

**4** (1) playing　(2) washing
　　(3) taking　(4) doing

**解説** (1)「私の姉［妹］はピアノを弾いています」

(2)「私は車を洗っています」

(3)「彼ら［彼女たち］は風呂に入っています」take は e で終わっているので，e をとって -ing をつける。

(4)「彼は自分の宿題をやっています」

**5** (1) Is Jane studying Japanese?
　　(2) Are Nancy and Lucy buying flowers?
　　(3) I am not[I'm not] writing a letter now.
　　(4) They are not[aren't] eating cakes now.
　　(5) No, he is not[isn't].

**解説** (1)「ジェーンは日本語を勉強しているところです」→「ジェーンは日本語を勉強しているところですか」疑問文は be 動詞を主語の前に出す。

(2)「ナンシーとルーシーは花を買っているところです」→「ナンシーとルーシーは花を買っているところですか」

(3)「私は今手紙を書いているところです」→「私は今手紙を書いていません」否定文は be 動詞のあとに not を入れる。

(4)「彼ら［彼女たち］は今ケーキを食べているところです」→「彼ら［彼女たち］は今ケーキを食べていません」

(5)「マイクは自分の靴を洗っているところですか」→「いいえ，彼は洗っていません」

**6** (1) あなたは昼食を食べているところです。
　　(2) 彼ら［彼女たち］はあなたのお父さんの車を洗っているところですか。
　　(3) タロウは理科を勉強しているところではありません。

**解説** (1) having は have の -ing 形。have には「食べる」の意味があり，この意味で用いる場合には -ing 形になる。

**7** (1) Who　(2) Where　(3) What

**解説** (1) だれかをたずねる文にするには，Who を文のはじめに置く。

(2) 場所をたずねる文にするには，Where を文のはじめに置く。

(3) ものをたずねる文にするには，What を文のはじめに置く。

1 (1) Is his father driving the car?
　(2) Tom's sister is running with John now.
　(3) They are not cooking in the kitchen.
　(4) Who is fishing in the river?
　(5) What song is she singing?
　(6) Are you reading that book?

解説 (1) 現在進行形の疑問文なので is が文頭にくる。
(2) running は run「走る」の -ing 形。
(3) 現在進行形の否定文なので be 動詞と動詞の -ing 形の間に not がくる。
(4)「だれが〜しているか」は who を文のはじめに置き，そのあとに〈is＋-ing 形〉を続ける。Who がこの文の主語になる。
(5) 疑問詞がある疑問文では〈疑問詞＋現在進行形の疑問文〉の形になる。ここでは「何の歌を〜？」なので What song 〜？にする。

2 (1) Those girls are dancing now.
　(2) We are not[aren't] playing baseball now.
　(3) Is Mrs. Hill washing the dishes now?
　(4) Are you waiting for Ron now?

解説 現在進行形の文にするには〈主語＋be 動詞＋動詞の -ing 形〜.〉にする。
(1)「あの女の子たちはダンスをします」→「あの女の子たちは今ダンスをしています」
(2)「私たちは野球をしません」→「私たちは今野球をしていません」
(3)「ヒルさんはお皿を洗いますか」→「ヒルさんは今お皿を洗っていますか」
(4)「あなたはロンを待ちますか」→「あなたは今ロンを待っていますか」

3 (1) Are they walking to the park?
　(2) Where are they playing basketball?
　(3) What are you eating now?
　(4) Who is studying math?

解説 (1)「彼は公園まで歩いていますか」→「彼ら[彼女たち]は公園まで歩いていますか」主語が複数になるので is を are にかえる。
(2)「彼ら[彼女たち]は校庭でバスケットボールをしています」→「彼ら[彼女たち]はどこでバスケッ

トボールをしていますか」場所をたずねる文にするため，疑問詞 Where を文頭に置く。
(3)「あなたは何を食べますか」→「あなたは今，何を食べていますか」現在進行形の疑問文にするには〈be 動詞＋主語＋動詞の -ing 形〜?〉にする。
(4)「オサムが数学を勉強しています」→「だれが数学を勉強していますか」人をたずねる文にするため，疑問詞 Who を文頭に置く。

4 (1) Yes, he is.
　(2) No, she is not[isn't].
　(3) No, they are not[aren't].
　(4) They are playing soccer.

解説 (1)〜(3)は Yes，No で，(4)は疑問詞に合った内容を答える。
(1)「トムは絵をかいていますか」「はい，かいています」
(2)「ナンシーはギターを弾いていますか」「いいえ，弾いていません」絵から，ナンシーが弾いているのはバイオリン。
(3)「彼女たちは映画を見ていますか」「いいえ，見ていません」絵から，彼女たちは音楽を聞いている。
(4)「3 人の男の子は何をしていますか」「彼らはサッカーをしています」

5 (1) You are not[aren't] playing the piano.
　(2) Who is taking a bath?
　(3) Where are they studying?
　(4) My father is working in Fukuoka now.

解説 (1)「ピアノを弾く」は play the piano。
(2)「風呂に入る」は take a bath なので，take を -ing 形にして taking とする。
(3)「どこで」をたずねる疑問文なので，Where で始める。
(4)「働く」は work。

1 (1) ウ　(2) エ　(3) オ　(4) ア　(5) イ
2 (1) watching　(2) running
　(3) libraries　(4) skating
3 (1) What　(2) Can　(3) Is
　(4) is
4 (1) イ　(2) エ　(3) ア　(4) オ　(5) ウ

**⑤** (1) What <u>are</u> you washing now?

(2) <u>Can</u> you speak Japanese?

(3) <u>There</u> are no students in the classroom.

(4) He <u>can't[cannot]</u> play the guitar well.

(5) Your grandmother <u>looks</u> very happy.

**⑥** (1) ア (2) エ (3) イ (4) ウ

**⑦** (1) Yes, I am.

(2) She is meeting my cousin.

(3) Emma can't[cannot] speak Japanese well.

(4) What time can Masao get up?

(5) Are you talking with your grandmother now?

(6) What are you growing in your garden?

(7) How is the weather this morning?

(8) Can your brother play the piano very well?

**⑧** (1) 彼女たちはいくつかの古い歌を学んでいるところです。

(2) is sitting

(3) Lisa can sing them very well.

(4) What does he have?

(5) a new recorder

(6) ア…× イ…× ウ…○ エ…×

**解説** **①** (1)「トムは早く起きることができますか」「はい，できます」Can ～? には can，または cannot[can't] を使って答える。主語の Tom は he で受けることに注意。

(2)「あなたは今，野球の試合を見ていますか」「はい，見ています」現在進行形の疑問文。Are you ～? の問いには，Yes / No で答えて be 動詞を用いる。

(3)「あなたの街に博物館はありますか」「はい，あります」Are there ～? には Yes, there are. または No, there are not[aren't]. で答える。

(4)「だれが中国語を話すことができますか」「ルーシーが話すことができます」Who can ～? の問いには～ can. 答える。

(5)「あなたはサッカーができますか」「いいえ，できません」Can you ～? の問いには Yes / No で答

えて can を用いる。

**②** (1)「私は今テレビを見ています」now があるので現在進行形にする。

(2)「ヒトミは今走っています」now があるので現在進行形にする。

(3)「この街には 2 つの図書館があります」library の複数形は y を i に変えて -es をつける。

(4)「あなたのお兄さん[弟]たちはスケートをしていますか」"～していますか" とたずねる文なので，-ing の形にする。

**③** 応答を見て，何がたずねられているか考える。

(1)「あなたは何をしているの」「私はトムの家に行くところです」していることを答えているので，What が入る。

(2)「あなたはピザをつくることができますか」「はい，できます」can を使って答えているので，疑問文は Can ではじめる。

(3)「あなたの机の上に本はありますか」「はい，あります」there is を使って答えているので，疑問文は Is there ではじめる。

(4)「彼女は何の教科を勉強していますか」「英語を勉強しています」現在進行形の文なので，be 動詞を入れる。

**④** (1)「だれが速く走っていますか」「メアリーです」疑問詞 who を用いた現在進行形の疑問文。主語をたずねているので，主語＋be 動詞で答える。

(2)「この学校には何人の生徒がいますか」「300人です」How many とたずねているので，数を答えているものを選ぶ。

(3)「あなたは何をしていますか」「私はピアノを弾いています」疑問詞 what を用いた現在進行形の疑問文。

(4)「だれがフランス語をじょうずに話すことができますか」「ボブができます」主語を答えているので「だれ」とたずねる。

(5)「彼ら[彼女たち]はどこでサッカーをしていますか」「公園です」疑問詞 where ～? の問いには場所を答える。They are playing soccer in the park. の文の場所だけを答えた形のウを選ぶ。

**⑤** (1)「何を～」とたずねる文は〈What＋現在進行形の疑問文〉の形になるので，are を加える。

(2)「～できますか」と聞いているので can を加える。

(3) There are ～. の否定文。「1 人も～ない」の意味の no が与えられているので There are no ～. の形になる。

(4)「弾けません」は「弾くことができません」の意味なので can の否定形 can't または cannot を加える。can not と 2 語にはならないので注意する。

(5)「～そうに見える」は〈look＋形容詞〉で表すので look を加える。looks となることに注意。

6 (1)「あなたは何をしているの」

(2)「宿題をしているところだよ」

(3)「きみの家には何匹のネコがいるの」

(4)「3 匹いるわ」

7 (1)「あなたはギターを弾いていますか」→「はい,弾いています」答えるときは,主語は I なので be 動詞は am にする。

(2)「彼女は私のいとこに会います」→「彼女は私のいとこに会っています」現在進行形の文。

(3)「エマは日本語をじょうずに話すことができます」→「エマは日本語をじょうずに話すことができません」can の否定文は can't または cannot で表す。

(4)「マサオは 6 時に起きることができます」→「マサオは何時に起きることができますか」時刻をたずねているので〈What time can＋主語＋動詞の原形～?〉の形になる。

(5)「あなたは今おばあさんと話しています」→「あなたは今おばあさんと話していますか」

(6)「私は庭でいくらかの花を育てています」→「あなたは庭で何を育てていますか」主語を you にすることと my を your にかえることに注意する。

(7)「今朝はとても寒いです」→「今朝の天気はどうですか」天気をたずねる言い方 How is the weather? は決まった言い方なので覚えておく。

(8)「あなたのお兄さん[弟]はとてもじょうずにピアノを弾きます」→「あなたのお兄さん[弟]はとてもじょうずにピアノを弾くことができますか」「～できますか」とたずねる疑問文は助動詞の can を用いて,〈Can＋主語＋動詞の原形～?〉の形になる。

8 全訳 今日は土曜日です。リサと彼女のお母さんは毎週末に音楽の練習をしています。彼女たちはいくつかの古い歌を学んでいるところです。リサは歌っています。お母さんはピアノの前にすわっています。彼女はリサのためにピアノを弾いています。ヴィンセントは聞いています。それらの歌はとても美しいです。リサはとてもじょうずにそれらを歌います。その音楽はよいです。ボブは彼女たちのために音楽を録音しています。彼は新しい録音機を持っています。とてもうまく録音できます。ウィルソン先生は一生けん命働いています。彼は生徒のために新しい歌を書いています。

(1)現在進行形の文なので「～している」とする。

(2)sit は t を重ねて -ing をつける。

(3)can は動詞の原形の前に入るので,can sing となる。

(4)a new recorder（もの）をたずねるときは what を使う。

(5)すぐ前の文の単数のものを指している。

(6)ア「リサと彼女のお母さんは土曜日には音楽の練習をしません」本文に「リサと彼女のお母さんは毎週末に音楽の練習をしています」とあるので×。イ「リサと彼女のお母さんが歌を歌います」本文に「お母さんはピアノの前にすわっています。彼女はリサのためにピアノを弾いています」とあるので×。ウ「ヴィンセントとボブは歌っていません」本文に「ヴィンセントは聞いています」「ボブは彼女たちのために音楽を録音しています」とあるので〇。エ「ウィルソン先生は生徒のために物語を書いています」本文に「彼は生徒のために新しい歌を書いています」とあるので×。

# 18 一般動詞の過去形

p.140～141 基礎問題の答え

1 (1) walked　(2) Did, live
　(3) didn't　(4) did

解説 (1)「私は先週歩いてケンの家に行きました」last week があるので過去の文。

(2)「あなたはそのとき奈良に住んでいましたか」then があるので過去の文。一般動詞の過去の疑問文は Did ～? で,動詞は原形を使う。

(3)「彼女は去年シカゴを訪れませんでした」last year があるので過去の文。一般動詞の過去の否定文は〈did not[didn't]＋動詞の原形〉で表す。

(4)「だれがこの手紙を書いたのですか」「私の姉[妹]です」wrote が過去形なので,応答にも did を選ぶこと。

2 (1) cooked　(2) stayed　(3) used
　(4) studied　(5) stopped　(6) went

解説 ふつうはそのまま -ed をつける。(3) e で終わる語は -d だけをつける。(4)〈子音字＋y〉で終わる

語は，y を i にかえて -ed。(5)〈短母音＋子音字〉で終わる語は，子音字を重ねて -ed をつける。

(6) go は不規則に変化する動詞で went となる。

**3** (1) ア　(2) ウ　(3) イ　(4) ウ　(5) イ

**解説** -ed は，[d] 以外の有声音のあとでは [d]，[t][d] の音のあとでは [id]，[t] 以外の無声音のあとでは [t] と発音する。

**4** (1) トムは先週，彼の [自分の] 車を洗いました。
(2) 彼ら [彼女たち] はこの前の日曜日にテニスをしました。
(3) 私はそのとき駅で彼を見ました。
(4) 彼は先週京都へ行きましたか。

**解説** (3) saw は see の過去形。

**5** (1) Did, want　(2) didn't play
(3) What, did, go　(4) Who cooked

**解説** (1)「彼女は新しい車がほしかった」→「彼女は新しい車がほしかったのですか」過去形の疑問文なので〈Did＋主語＋動詞の原形～?〉の形。
(2)「あなたは昨日テニスをしました」→「あなたは昨日テニスをしませんでした」否定文は〈did not[didn't]＋動詞の原形〉で表す。
(3)「私たちは8時に学校に行きました」→「あなたたちは何時に学校に行きましたか」「何時に～したか」は〈What time＋過去形の疑問文〉になる。
(4)「ユミが昨日夕食をつくりました」→「だれが昨日夕食をつくりましたか」「だれが」をたずねる疑問文にするには who で文を始める。

**6** (1) No, she did not[didn't].
(2) Yes, I did.

**解説** 一般動詞の過去形の疑問文には Yes, ～ did. または No, ～ did not[didn't]. で答える。
(1)「彼女は部屋をきれいにしましたか」「いいえ，しませんでした」
(2)「あなたはバイオリンを弾きましたか」「はい，弾きました」

**7** (1) I went to your house last week.
(2) Ken and I studied at[in] the library yesterday.

**解説** (1)「先週」は last week。

**1** (1) saw / 見た　(2) came / 来た
(3) got / 得た　(4) gave / 与えた
(5) cut / 切った　(6) wrote / 書いた

**解説** 一般動詞の過去形には -ed をつけるのではなく，原形とは違った形になるものがあり，これを不規則動詞という。よく使うので，1語1語確実に覚えよう。

**2** (1) Ann ate an apple last week.
(2) She did not buy anything.
(3) Did Nancy have a very beautiful doll?

**解説** (1) eat は過去形 ate にする。
(2) 否定文は〈did not＋動詞の原形〉を使うので，動詞は過去形にしない。
(3) 疑問文は〈Did＋主語＋動詞の原形～?〉の形なので，動詞は過去形にしない。

**3** (1) lost, yesterday
(2) didn't, made　(3) Did, last

**解説** (1)「なくす」lose の過去形は lost。
(2)「つくる」make の過去形は made。
(3) 過去形の疑問文は Did ～? で表す。「この前の～」は last ～。

**4** (1) You did not[didn't] use this computer last night.
(2) David did not[didn't] leave this comic book last week.
(3) Did Bob live in France last year?
(4) Did Mr. Brown have a new DVD?
(5) Did she know about that news yesterday?

**解説** 否定文は〈did not＋動詞の原形〉を使う。疑問文は〈Did＋主語＋動詞の原形～?〉の形。どちらも動詞の原形を使うことに注意する。
(1)「あなたは昨晩このコンピューターを使いました」→「あなたは昨晩このコンピューターを使いませんでした」
(2)「デイビッドは先週このマンガを置いていきました」→「デイビッドは先週このマンガを置いていきませんでした」
(3)「ボブは去年フランスに住んでいました」→「ボブは去年フランスに住んでいましたか」

(4)「ブラウンさんは新しい DVD を持っていました」
→「ブラウンさんは新しい DVD を持っていましたか」
(5)「彼女は昨日そのニュースのことを知りました」
→「彼女は昨日そのニュースのことを知りましたか」

**5** (1) did, read [do] (2) Where did, went
(3) What did

解説 応答を見て何をたずねられているか考える。
(1) A「あなたは昨日の夜，何を読みました [しました] か」B「私はマンガを 2 冊読みました」「読む」read は過去形も read で同じつづりだが，発音は原形 [ríːd]，過去形 [réd] と異なる。
(2) A「あなたたちは昨日どこへ行きましたか」B「私たちは公園に行きました」「行く」go の過去形は went になる。
(3) A「あなたは昨夜何をしましたか」B「私はテレビを見ました」B がしたことを答えているので「何をしたか」たずねる。

**6** (1) She did not [didn't] listen to (the) music last night.
(2) Did he play baseball yesterday?
(3) Who bought that new car?
(4) I saw [watched] the [that] movie last week.

解説 (3)「だれが～しましたか」は〈Who＋動詞の過去形～?〉とする。buy の過去形は bought。
(4)「映画を見る」see a movie「(家で) 映画を見る」watch a movie

# 19 be 動詞の過去形・過去進行形

**p.146～147　基礎問題の答え**

**1** (1) were (2) was (3) was not
(4) weren't

解説 (1)「～にいました」は〈be 動詞の過去形＋場所を表す語句〉で表す。主語が we なので were を入れる。
(2)「疲れていた」は〈be 動詞の過去形＋形容詞〉で表す。主語が he なので be 動詞の過去形 was を入れる。「疲れて」は tired。
(3)「いませんでした」は be 動詞の過去形の否定文。

主語が単数なので be 動詞 was のあとに not を置く。
(4) (3)と同様，be 動詞の過去の否定文。空所が一つなので were not の短縮形を入れる。

**2** (1) were going (2) was using
(3) was, doing (4) Were, taking

解説 過去進行形は〈be 動詞の過去形 (was [were]) ＋動詞の -ing 形〉で表す。
(1)「あなたは図書館へ行きました」→「あなたは図書館へ行くところでした」went は原形の go に -ing をつけた形にする。
(2)「マイクはそのコンピューターを使いました」→「マイクはそのコンピューターを使っていました」used の原形 use は e で終わっているので e をとって -ing をつける。
(3)「私は宿題をしませんでした」→「私は宿題をしていませんでした」過去進行形の否定文は〈was [were] not＋動詞の -ing 形〉で表す。
(4)「彼ら [彼女たち] は写真をとりましたか」→「彼ら [彼女たち] は写真をとっていましたか」過去進行形の疑問文なので be 動詞の過去形を主語の前に出し〈Was [Were]＋主語＋動詞の -ing 形～?〉の形になる。take は e をとって -ing をつける。

**3** (1) ア (2) ウ (3) エ

解説 (1)「～していました」は過去進行形の文なので was walking を選ぶ。
(2)「～しました」は過去の文。walked が適する。
(3)「～しています」は現在進行形の文。is walking が適する。

**4** (1) was (2) Were, wasn't
(3) was, was

解説 (1) A：「マイクは昨夜家にいましたか」B：「はい，いました」at home「家に」
(2) A：「あなたはそのとき図書館で勉強していましたか」B：「いいえ，していませんでした」過去進行形の疑問文と答えの文。Were you ～? には No, I was not で答えるが空所が一つなので短縮形 wasn't を使う。
(3) A：「昨日京都の天気はどうでしたか」B：「くもりでした」cloudy は「くもりの」の意味の形容詞。

**5** (1) I was eating dinner at seven.
(2) Were you a student last year?

(3) **My mother wasn't cooking then.**

解説 (1)「〜していました」は過去進行形の形〈was[were]＋動詞の -ing 形〉で表す。「7時に」は文の最後に置く。
(2)「〜でしたか」は be 動詞の過去形を使った疑問文。
(3) 過去進行形の否定文。〈was[were] not＋動詞の -ing 形〉。ここでは was not の短縮形を使う。

6 (1) **He was a good soccer player.**
　(2) **We were running in the park.**

解説 (1)「〜でした」は be 動詞を使った過去の文。主語が「彼」なので was を使う。
(2) 過去進行形の文。主語が「私たち」なので〈were＋動詞の -ing 形〉で表す。run は n を重ねて -ing をつける。

**p.148〜149　標準問題の答え**

1 (1) was not　　(2) was cleaning
　(3) Where were　(4) It was
　(5) were, doing

解説 (1)「いませんでした」は be 動詞の過去形の否定文。主語が I なので was not を入れる。
(2) 過去進行形の文。「そうじをする」の clean を -ing 形にする。
(3) 疑問詞 where で始め，be 動詞の過去形を使った疑問文にする。
(4) 天候を表すときは主語 it と，「でした」なので be 動詞の過去形 was を入れる。
(5) what のあとは過去進行形の疑問文〈was[were]＋主語＋動詞の -ing 形〉を続ける。「する」は do。

2 (1) **I was a high school student last year.**
　(2) **She was washing the dishes.**
　(3) **It was not[wasn't] hot last night.**
　(4) **Where were they having lunch?**

解説 (1)「私は今高校生です」→「私は昨年高校生でした」be 動詞 am を過去形の was にする。
(2)「彼女は皿を洗いました」→「彼女は皿を洗っていました」washed を〈be 動詞の過去形＋動詞の -ing 形〉にする。
(3)「昨夜は暑かった」→「昨夜は暑くなかった」was のあとに not。
(4)「彼らはあのレストランで昼食を食べていました」→「彼らはどこで昼食を食べていましたか」場

所をたずねるときは where で始め，そのあとに過去進行形の疑問文を続ける。

3 (1) あなたとあなたの家族は昨年の [この前の] 夏沖縄にいましたか。
　(2) その少女は川の近くを走っていました。

解説 (1) be 動詞のあとに場所を表す語句が続くと「〜にいる [ある]」の意味になる。last summer「この前の夏」
(2) near 〜「〜の近くを」

4 (1) ウ　(2) カ　(3) イ　(4) オ　(5) エ

解説 (1)「あなたは今学校へ行くところですか」「いいえ，ちがいます」現在進行形の疑問文なので be 動詞の現在形を使った答えを選ぶ。
(2)「あなたはそのときどこへ行くところでしたか」「私は美術館に行くところでした」場所をたずねる過去進行形の疑問文なのでカの「美術館へ」が適する。
(3)「あなたのお兄さん [弟] はそのとき眠っていましたか」「はい，眠っていました」Was 〜? には Yes / No で was を使って答える。
(4)「あなたはどこにいましたか」「公園にいました」「〜にいる [ある]」というときは〈be 動詞＋場所を表す語句〉の形になる。
(5)「ケンは何を勉強していましたか」「数学を勉強していました」

5 (1) **How old were you last year?**
　(2) **We were watching TV in the living room.**
　(3) **Who was playing the piano then?**
　(4) **She was a teacher ten years ago.**

解説 (1)「何歳」と年齢をたずねるときは〈How old＋be 動詞＋主語〜?〉の形になる。
(2) 過去進行形の文。「居間で」は in the living room。
(3) who で始まる文は〈Who＋動詞〜?〉の語順になる。過去進行形の文なので who のあとに be 動詞と動詞の -ing 形が続く。
(4)「〜前」は〜 ago で表し，過去の文に使われる。

6 (1) ① 今日福岡は晴れて暑いですか。
　　② この前の月曜日京都は雨で寒かったですか。
　(2) ① 彼は昨日その本を読みました。
　　② 彼は昨日の3時ごろその本を読んでいました。

**解説** (1) ①は現在の文なので「〜ですか」②は過去の文なので「〜でしたか」となる。
(2) ① read は原形と過去形が同じ形。過去の文なので「読みました」となる。②は過去進行形の文なので「読んでいました」となる。

# 20 未来を表す文

p.152〜153 **基礎問題の答え**

**1** (1) are  (2) isn't  (3) Will  (4) am

**解説** 未来を表すときは be going to または will を使う。be 動詞は主語によって am, are, is を使い分ける。
(1)「私たちは今日の午後公園をそうじするつもりです」
(2)「テッドはイヌの散歩をしないでしょう」going の前は be 動詞。否定文なので isn't を選ぶ。
(3)「あなたと友だちは今度の日曜日に野球の練習をするつもりですか」next Sunday があるので未来の疑問文。going to がないので〈Will＋主語＋動詞の原形〜?〉とわかる。
(4)「私は明日祖母を訪ねるつもりです」主語が I なので am を選ぶ。

**2** (1) Are, am  (2) When is, going
(3) Will, it will  (4) will, will

**解説** (1)(2) going があるので be going to の文とわかる。be 動詞は主語によって使い分ける。
(3) 未来を表す疑問文と答えの文。going to がないので will を使った対話文とする。
(4) will は主語が who や Kumi のような3人称単数でも形が変わることはない。

**3** (1) are not  (2) not going  (3) won't go

**解説** (1)(2) be going to の否定文は not を be 動詞のあとに置く。
(3) will の否定文は〈will not[won't]＋動詞の原形〉。空所の数から短縮形の won't と動詞を入れる。

**4** (1) is, to  (2) going, Will, study
(3) are, won't play

**解説** 〈will＋動詞の原形〉は〈be going to＋動詞の原形〉とほぼ同じ意味になる。will は助動詞なので

主語によって形が変わらないが，be 動詞は主語によって am, are, is を使い分ける。
(1)「マイクはじきにここに着くでしょう」
(2)「あなたは明日図書館で勉強するつもりですか」
(3)「私の友だちと私は今度の日曜日テニスをするつもりはありません」主語が複数なので be 動詞は are を使う。will not play は短縮形を使って won't play とする。

**5** (1) I'm going to do my homework after dinner.
(2) It will be snowy in Hokkaido tomorrow.
(3) What time will the bus come here?

**解説** (1)「〜するつもりです」は be going to で表す。「夕食後」の after dinner は文の最後に置く。
(2)「〜になるでしょう」は will be で表す。
(3)「何時に〜でしょうか」は what time で始め，〈will＋主語＋動詞の原形〜?〉の疑問文の語順になる。

**6** (1) He will be a high school student next year.
(2) What are you going to do tomorrow?

**解説** (1)「来年」があるので未来の文と考えて〈will＋動詞の原形〉で表す。
(2) be going to を使った未来の疑問文。「何を」の what を文の最初に置き〈be 動詞＋主語＋going to 〜?〉で表す。

p.154〜155 **標準問題の答え**

**1** (1) is going  (2) I'm not, watch
(3) Will, get  (4) will, go  (5) are, read

**解説** (1) to が続いているので be going to を使うと判断する。
(2)「〜するつもりはありません」はここでは be going to の否定文にする。空所の数から I am の短縮形と not を入れる。
(3)(4) going to がないので will の疑問文と判断する。will は主語が何でも形は変わらない。
(5) going to があるので主語の前に be 動詞を入れて疑問文にする。to のあとは動詞の原形。

**2** (1) He will be a good player.
(2) Are you going to clean your room?

(3) It will not[won't] be hot tomorrow.

(4) Where are they going to have lunch?

**解説** (1)「彼はよい選手です」→「彼はよい選手になるでしょう」be 動詞 is は原形の be に変えて will be とする。

(2)「あなたは自分の部屋をそうじするつもりです」→「あなたは自分の部屋をそうじするつもりですか」

(3)「明日は暑くなるでしょう」→「明日は暑くないでしょう」will not または won't を使う。

(4)「彼ら[彼女たち]はあのレストランで昼食を食べるでしょう」→「彼ら[彼女たち]はどこで昼食を食べるでしょうか」場所をたずねるときは where で始め，そのあとに be going to の疑問文を続ける。

[3] (1) あなたのお父さんは明日忙しいでしょうか。

(2) あなたは何時に彼女を訪ねるつもりですか。

**解説** (1) 未来の疑問文。busy「忙しい」

(2) be going to ～の疑問文。「～するでしょうか[するつもりですか]」という意味になる。What time「何時に」

[4] (1) ウ (2) カ (3) イ (4) オ (5) ア

**解説** (1)「あなたは自分の家族について話すつもりですか」「いいえ，そのつもりはありません」Are you ～? には I am で答える。ここでは否定の答えウを選ぶ。

(2)「あなたは明日何をするつもりですか」「私は映画を見るつもりです」「何をするか」という問いには具体的にすることを答えるので「映画を見るつもりです」が適する。

(3)「彼はパーティに来るでしょうか」「はい，来るでしょう」Will ～? には Yes / No で will を使って答える。

(4)「あなたはどこにいくところですか」「図書館へいくところです」この文の be going to は現在進行形で「～へ行くところです」の意味。〈to＋場所を表す語句〉で答える。

(5)「ケンは大学で科学を勉強するつもりですか」「はい，そのつもりです」Is ～? には Yes / No で is を使って答える。college「大学」

[5] (1) We won't have English classes next week.

(2) How will the weather be tomorrow?

(3) Which bag are you going to buy?

**解説** (1)「英語の授業」English classes

(2) How is the weather? (天気はどうですか) の未来の文。How のあとに〈will＋主語＋動詞の原形 ～?〉の形。is の原形は be。

(3)「どちらのバッグ」は Which bag で，そのあとに be going to の疑問文の語順になる。

[6] (1) Yes, he will.

(2) She is going to make a cake (for him).

(3) They will come (to his house) at five.

**解説** **全訳** 私は今13歳です。私の誕生日は明日です。母は私のためにケーキをつくるつもりです。マイクとタケシは5時に私の家に来るでしょう。私たちは楽しく過ごすでしょう。

(1)「ケンは明日14歳になりますか」「はい，なります」本文の1～2文目から「はい」という答えになる。Will ～? には will で答える。

(2)「ケンのお母さんは明日何をするつもりですか」「彼女は（彼のために）ケーキをつくるつもりです」3文目から判断する。

(3)「マイクとタケシは何時にケンの家に来るでしょうか」「彼らは5時に（彼の家に）来るでしょう」4文目から「5時」とわかる。will を使った疑問文には will で答える。

**p.156～159 実力アップ問題の答え**

[1] (1) ア (2) ウ (3) イ (4) ウ (5) ア

[2] (1) was (2) were (3) was
(4) sent (5) slept

[3] (1) Will (2) Did (3) Who
(4) When (5) How many

[4] (1) エ (2) ウ (3) ア (4) オ (5) イ

[5] (1) What were you washing then?

(2) They are going to sing a song with the children.

(3) My brother wasn't in Nara last week.

(4) I didn't know that book.

(5) Did she come to the party?

[6] (1) エ (2) イ (3) ア (4) ウ

[7] (1) Yes, I was.

(2) She was meeting my cousin.

   (3) Robby did not[didn't] go to a concert last night.

   (4) She wore a coat yesterday.

   (5) It will[is going to] be cloudy tomorrow.

   (6) What were Mike and his sister doing then?

   (7) She won't play the piano next Sunday.

**8** (1) あなたはどこへ行くところですか。

   (2) came

   (3) he is going to[will] tell me about his holidays

   (4) was

   (5) I will go there with my family

   (6) ア…× イ…× ウ…○ エ…×

**解説** **1** -ed の発音は，[t] 以外の無声音のあとでは [t] に，[t][d] の音のあとでは [id] に，[d] 以外の有声音のあとでは [d] になる。

**2** (1)「私は去年12歳でした」last year があるので過去の文。am を過去形にする。

(2)「彼ら[彼女たち]はそのとき走っていました」then があるので過去進行形にする。

(3)「タケシはそのとき台所にいました」at that time があるので過去形にする。

(4)「私の父は昨日長いメールを送りました」yesterday があるので過去形にする。

(5)「ジロウは先週末9時間寝ました」last weekend があるので過去形にする。

**3** 応答を見て，何がたずねられているか考える。

(1)「彼は家にいるでしょうか」「いいえ，いないでしょう」答えの文の won't から will を使った疑問文とわかる。

(2)「あなたは昨日グリーンさんを見ましたか」「はい。私は彼を昨晩駅で見ました」Yes で答えているので，「見たかどうか」をたずねている。

(3)「だれがそのメールを書きましたか」「ジョンが書きました」「ジョンが書いた」と答えているので，「だれが」書いたのかたずねている。

(4)「あなたはいつ彼女に会いましたか」「先週彼女に会いました」「先週会った」と答えているので，「いつ」会ったのかたずねている。

(5)「あなたのお母さんはその店でオレンジを何個買いましたか」「オレンジを5個買いました」数をた

ずねているので How many ～? を使う。

**4** (1)「彼らは何を買いましたか」「いくつかの新しいボールです」

(2)「あなたはどこで野球をするつもりですか」「公園でするつもりです」

(3)「いつ彼はその絵をかきましたか」「先週です」

(4)「その本をだれが読むでしょうか」「私が読みます」

(5)「あなたのお姉さん[妹]は自分のお母さんを手伝いましたか」「いいえ，手伝いませんでした」

**5** (1)「何を～していましたか」とたずねる文は〈What＋過去進行形の疑問文〉の形になるので，were を補う。

(2)「～するでしょう」は未来を表す文で will か be going to を使って表す。are と to があるので going を補う。「歌を歌う」は sing a song。

(3) be 動詞の過去形の否定文。1語補うので was not の短縮形 wasn't を使う。

(4) 一般動詞の否定文なので，did not の短縮形 didn't を補う。

(5) 一般動詞の過去形の疑問文は〈Did＋主語＋動詞の原形～?〉になるので「来る」の原形 come を補う。

**6** (1)「ぼくのリンゴはどこ?」

(2)「ぼくのリンゴを食べた?」

(3)「いや，食べていないよ」

(4)「ぼくはそれをリンにあげたよ」

**7** (1)「あなたはギターを弾いていましたか」→「はい，弾いていました」答えるときは，主語は I なので be 動詞は was にする。

(2)「彼女は私のいとこに会いました」→「彼女は私のいとこに会っていました」過去進行形の文。

(3)「ロビーは昨夜コンサートに行きました」→「ロビーは昨夜コンサートに行きませんでした」否定文は〈did not[didn't]＋動詞の原形〉になる。went の原形は go なので注意する。

(4)「彼女は昨日コートを着ていませんでした」→「彼女は昨日コートを着ていました」肯定文にするときは動詞を過去形にする必要がある。「着る」wear の過去形は wore なので注意する。

(5)「今日はくもりです」→「明日はくもりになるでしょう」

(6)「マイクと彼のお姉さん[妹]はそのとき音楽を聞いていました」→「マイクと彼のお姉さん[妹]はそのとき何をしていましたか」下線部が「していたこと」を表しているので「何をしていたか」という疑問文にする。

(7)「彼女はピアノを弾きません」→「彼女は今度の日曜日にピアノを弾かないでしょう」7語という指定があるので be going to の否定文ではなく，will の否定文になる。**短縮形 won't を使う。**

**8** [全訳] メイ：こんにちは，ケン。どこへ行くところですか。

ケン：おじさんの家へ行くところです。

メイ：あなたはなぜそこへ行くのですか。おじさんはあなたの助けが必要ですか。

ケン：いいえ，ちがいます。彼は1週間前オーストラリアから日本にもどってきました。そして，私に休日について話すのです。

メイ：わかりました。彼はどのくらいの間オーストラリアにいましたか。

ケン：2週間です。

メイ：いいですね。私は家族と今度の1月にそこへ行くつもりです。

ケン：オーストラリアでスキーをするつもりですか。

メイ：いいえ，しません。オーストラリアでは1月は夏です。

(1) この going は「〜でしょう」ではなく動詞「go」の**現在進行形。**

(2) 〜 ago は「〜前に」の意味で過去の文で使われる。動詞を過去形にする。

(3)「〜するつもりです」は〈be going to [will]＋動詞の原形〉で表す。

(4) be 動詞の過去形で表す。

(5) next があるので未来の文とわかる。動詞の前に will を置く。

(6) **ア** ケンの2番目の発言に a week ago とあるので×。

**イ** メイの4番目の発言に「家族とオーストラリアに行くつもり」とあるので行くのはメイ。

**ウ** メイの最後の発言から合っているとわかる。

**エ** 最後のふたりの対話からわかる。

③